알짜 부자가 되는 자산 만들기 비법

알짜 부자가 되는 자산 만들기 비법

알짜 부자가 되는 자산 만들기 비법

김의경 지음

갈매나무

3 실용정보 _ 자산을 만드는 금융지식 사용법

당신의 미래를 지켜주는 자산을 만들자

최근 들어 우리 경제는 '저성장-고물가' 라는 스태그플레이션의 늪에 빠지기 시작했다. 물론, 이는 비단 우리나라뿐만 아니라 전세계가 직면한 위기이다. 다만 실질 GDP에서 차지하는 수출비중이 65.9%에 달하고 원유 수입 세계 5위인 우리의 경제 상황을 고려해볼 때, 다른 나라에 비해 더 큰 폭으로 경제성장세가 둔화되고 물가는 상승하게 될 것으로 예상된다.

설상가상으로 그 동안 상당한 수준까지 진행되어 온 양극화와 고령화의 파고는 서민경제를 더욱더 위축시켜 중산층의 생존 그 자체를 위협하고 있다. 그야말로 중산층 멸종의 시기가 임박한 듯한 상황이다.

이러한 상황에서 가정경제를 운영하고 미래를 준비해나가야 할 평범한 대한민국 30 · 40대들의 위기감과 비애감은 극에 달했다고 해도 과언이 아니다. 원래 위기의 상황이 닥치면 평정심을 잃고 우왕좌왕하기 쉽다. 그리하여 애꿎은 자기 자신을 탓하거나 막연히 사회를 원망하기도 한다. 하지만 어려운 상황일수록 정신을 가다듬고 위기 극복을 위해 실질적인 도움이 되는 일에 집중을 해야 한다. 필자는 그것이 바로 '자산 만들기' 라고 감히 말하고 싶다.

회계학에서는 돈을 지불하고 얻을 수 있는 물건을 크게 두 가지로 나누고 있다. 하나는 '자산'(資産)이며, 또 다른 하나는 '비용'(費用)이다. 다시 말해 자신의 살림살이에 도움이 되도록 수익을 창출해주는 것이 바로 자산이고, 그렇지 못한 것이 비용이다.

그런데 이러한 자산과 비용의 개념은 회계학에서만 의미가 있는 것이 아니다. 그것은 우리들이 발을 딛고 살아가는 일상생활에서도 중대한 의미를 가지고 있다. 단순하게 말하자면 세상에는 크게 두 가지 종류의 사람이 있다. 자산을 사 모으는 데 집중을 하는 사람과 돈을 비용으로 써버리는 데 흥미를 가진 사람.

전자(前者)는 미래 수익을 창출할 수 있는 물건들을 사 모으는 데 관심을 집중한다. 그게 습관화되어 있다. 그들은 금융상품에 가입하고 주식과 채권을 사며, 건물과 부동산을 사 모은다. 비록 시기와 경제환경에 따라 그 대상은 종종 바뀌지만 결국 자신의 미래에 이자나, 투자수익이나, 임대료를 지속적으로 안겨줄 '자산' 에 대해 끝없는 애정행각(?)을 벌이는 게 바로 그들이다.

반면, 후자(後者)는 자산에 대한 개념이 없다. 그래서 그들은 기껏해야 자동차나 음주가무나 옷을 사는 데 관심을 집중한다. 일단 구매를 하고 나면 자신을 위해 장차 어떠한 수익도 만들어내지 못하는 이러한 물건에 온통 관심을 가지는 것이다. 일반적으로 자산을 사랑하는 전자의 사람들을 우리는 부자라고 부른다. 그렇다면 비용을 추구하는 후자의 사람들은? 글쎄……, 미래가 그리 밝지는 않을 것 같다. 위기의 상황일수록 자산 만들기에 총력을 기울여야 하는 이유가 바로 여기에 있다.

이 책은 한창 진행 중인 양극화와 고령화 사회의 위험성을 설명하고 여기서 살아남기 위해서는 자산을 축적해야 한다는 것을 이야기하고자 한다. 어떻게 이 어렵고 불안한 현재의 상황을 헤쳐나갈 것인가 하는 필자의 고민에서 시작된 이 책의 1부에서는 양극화, 고령화라는 현실과 이로 인해 요동치는 현재 자산시장의 변화 동향을 조망하였다.

그리고 2부에서는 자산을 만드는 생각의 기술을 다루고 있다. 일종의 마인드 셋이라고 할 수 있는 내용으로, 필자가 10년 이상 금융 관련 일을 하며 가까이에서 보아온 사람들, 그러니까 성공적으로 자산을 축적한 사람들을 분석 정리하여 자산을 축적하는 데 필요한 방법을 조언할 것이다. 마지막 3부에서는 자산을 만드는 데 도움이 되는 금융지식을 뽑아내어 정리해 보았다. 자산 가격의 이해, 종자돈 만들기, 주식/펀드, 부동산 등 네 가지 카테고리로 나누어 최대한 실용적인 정보를 전달하는 데 역점을 두었다.

우리가 직면한 경제위기가 결코 요행수로 피해나갈 수 있는 것은 아니다. 그러나 과거 외환위기와 IMF 구제금융 시기에도 많은 사람들이 위기의 상황에서 좌절을 맛보았지만 그 속에서도 기회를 잡고 성공한 사람들은 있었다. 바로 자신의 미래를 지켜주는 자산을 만들어낸 사람들이었다. 지금도 마찬가지다. 물론 안타깝게도 모든 사람이 부자가 될 수는 없다. 하지만 일상생활에서 자산을 만드는 일에 집중을 하는 삶을 사는 사람이라면 누구든지 부자가 될 수 있을 것이다. 그가 바로 당신이기를 바란다.

이 책은 2007년 초에 출간된 《상류인생 하류인생》의 개정판이다. 최근 들어 바뀐 경제 상황을 감안하여 일부 내용을 빼고 대신 실용적인 정보가 될 만한 금융지식들을 추가하였으며, 책의 구성 역시 대폭 바꾸었음을 밝혀둔다.

끝으로 이 책이 나오는 데 의견을 제안하고 책을 만드는 일을 도와주신 갈매나무 박선경 사장님과 언제나 지도편달을 아껴주시지 않는 독자 여러분에게 감사의 말씀을 거듭 전한다.

2008년 8월

김의경

자산시장의 변화 트렌드를 읽어라

이미 진행되고 있는 양극화와 고령화……. 이 거친 파고에도 끄떡하지 않는 '뿌리 깊은 나무'가 되는 길은 어디에서 찾을 수 있는가? 이 거역할 수 없는 두 가지 거대한 흐름 속에서 살아남는 방법은 무엇인가? 그에 대한 대답은 아주 간단명료하다. 바로 '자산'(資産)을 갖는 것이다. 1부에서는 자산을 축적하는 것에 뛰어들기 앞서 알아둬야 할 세상의 변화와 자산 시장의 트렌드에 대한 분석을 담았다.

양극화와 고령화가 동시에 진행되면서 부동산, 주식으로 대표되는 자산시장에도 많은 변화가 일어날 것으로 예상된다. 자고로 변화 속에 기회가 있는 법이다. 따라서 변화하는 자산시장의 추이에 어느 때보다도 관심을 두어야 할 것이다.

[양극화]

"내 자식에게 가난을 물려줄 수 없다."

두 개의 에스컬레이터

상류와 하류, 두 개의 에스컬레이터가 있다. 한 사람이 성장하여 사회인이 되는 인생의 출발점에서 올라탈 수 있는 에스컬레이터는 이미 정해져 있다. 거기서 다른 쪽으로 갈아타는 것은 아주 어려운 일이다. 그것이 사회의 양극화, 계층화다. 일본은 정말로 그렇게 되어가고 있다.

일본의 시사주간지인 〈주간 다이아몬드〉가 2006년 초에 특집으로 실었던 "상류 사회·하류 사회"라는 기사의 도입부에 나오는 이야기다.

위로 올라가는 에스컬레이터는 상류 사회로 이어진다. 여유 있고 풍족한 인생이 기다리고 있다. 원하는 것은 대부분 얻을 수 있다. 반면에 아래로 내려가는 에스컬레이터는 하류 사회로 이어진다. 가난과 불안한 삶이 기다리고 있다. 아무리 발버둥을 쳐봐도 돌아오는 건 계속해서 늘어나는 빚과 암담한 미래뿐이다.

그렇다. 그 누구도 아래로 내려가는 에스컬레이터를 타려 하지 않을 것이다. 하지만 현실은 그 반대다. 대부분의 사람들이 선택의 여지없이 아래로 내려가는 에스컬레이터를 타고 있다. 그리고 일단 한쪽에 올라타면 중간에 다른 쪽으로 갈아타기란 여간 힘든 게 아니다. 아니, 솔직히 말해 거의 불가능하다고 해야 할 것이다.

2006년, 일본에 갔을 때의 일이다. 〈주간 다이아몬드〉의 특집 기사가 필자의 눈길을 확 잡아끌었다. 신주쿠에 있는 대형 서점인 키노쿠니야 서점의 그 많고 많은 잡지들 중에서 왜 하필 이 잡지가 필자의 눈길을 끌었을까? 그건 이 이야기가 단지 일본만의 문제가 아니었기 때문일 것이다. 누구나 공감하고 있듯이, '양극화' 문제는 바로 우리의 문제이기도 하다.

2000년대에 들어서면서 우리 사회는 양극화 현상이 점점 가시화되고 있다. 게다가 그 속도도 점점 빨라지고 있다. 이는 일정한 조건이 주어지면 반드시 일어나는 일종의 물리적 현상과 같아 보인다. 촛농이 흘러내리다 다시 굳는 것처럼, 물이 얼어서 서서히 얼음이 되어가는 것처럼, 양극화 현상은 우리가 알게 모르게 서서히 진행되다가 이제는 막 고착되고 있는 시점인 듯하다.

우리 세대가 어린 시절을 보냈던 60, 70년대만 해도 그렇지는 않았다. '개천에서 용 난다'는 이야기가 있었다. 너도 나도 노력하면 잘 살 수 있다며 "우리도 한번 잘 살아보세"라고 목청을 높이던 시대가 있었다. 그 당시는 정말 개천에서 난 '용'이나 '우리도 한번 잘 살아보자'고 노력하여 잘 살게 된 사람들이 상류 사회로 가는 에스컬레이터를 탈 수 있었다. 도중에 상류 사회로 가는 에스컬레이터로 갈아타기도 어렵지만은 않았다.

하지만 'IMF 구제금융' 이후부터 상황은 점차 변하기 시작했다. 어쩌면 그 전부터인지 모른다. 서서히 물 밑에서부터 얼어 들어가는 바람에 다들 눈치를 채지 못했는지도 모른다.

개천에서 용 나는 시절은 끝났나?

양극화는 비단 21세기만의 문제는 아니다. 조선시대에도 양극화는 있었다. 처음 조선이 개국했을 무렵에는 노비만 아니면 누구나 과거에 응시해서 벼슬을 할 수가 있었다. 그리하여 적지 않은 중인 계급이 과거에 급제하여 벼슬을 얻었다. 새롭게 세워진 왕조에서는 모든 게 새로웠고, 기회는 언제나 열려 있었다. 하지만 시간이 흘러 제도가 정비되어가면서 어느덧 훈구 세력들이 대부분의 부와 권력을 장악하게 되었다. 결국 조선 후기에 이르러 어정쩡한 양반들은 몰락을 하고, 그 축에도 못 끼는 백성들은 탐관오리의 횡포와 계속되는 가난과 전란으로 고단한 일생을 보내야 했다.

조선시대의 이러한 사회 변화상에 대해 우리들은 국사 시간에 익히 배웠다. 그리고 그 동안은 이런 것이 먼 옛날의 왕조시대와 같은 계급사회에서나 존재했던 일이고, 역사책 속의 이야기라고 넘겨버릴 수 있었다. 특히 우리 세대는 어릴 적부터 인간은 모두 평등하며, 기회는 모두에게 균등하게 주워진다고 배워오지 않았는가.

그런데 불행히도 과학 문명이 발달하고 모든 사람은 평등하다고 생각하는 바로 이 21세기 대한민국에, 양극화는 버젓이 뿌리를 틀고 있다. 부자는 점점 더 부자가 되어가고, 가난한 자는 점점 더 가난해지고 있는 것이다.

양극화는 단순히 인구의 50%가 부자가 되고, 나머지 50%는 가난한 사람이 된다는 의미가 아니다. 문제의 핵심은 소수의 부자만이 계속 부자가 되고, 대부분의 사람들은 가난한 하류 인생으로 전락한다는 것이다. 그래, 좋다! 백 번 양보해서 세상이 양극화되어가고 있다고 하자. 그것은 어쩔 수 없는 현상이라고 하자. 하지만 이보다 더 무서운 것이 있다. 바로 이러한 양극화 현상이 세습되고 고착화되고 있다는 사실이다.

언제부터인가 우리 사회는 상류 사회와 하류 사회로 가는 에스컬레이터를 탈 사람이 태어날 때부터 따로 정해지기 시작했다. 우리가 그 사실을 눈치 챘을 때 세상은 이미 그렇게 변해 있었다. 내가 가난하면 나의 자식도 반드시 가난해져서 상류 사회로 갈 수 있는 어떠한 기회도 잡을 수 없는 세상으로 말이다. 아찔하지 않은가?

학벌도 세습되는 사회

최근 한 일간지에서 이런 기사를 읽은 적이 있다. 서울대 신입생을 대상으로 설문조사를 한 결과, 10명 중 8명이 자신은 중상류층에 속한다고 답했다는 것이다. 실제로 2006학년도 서울대 전체 합격자 3,406명 가운데 29.7%에 달하는 1,013명이 소위 서울 '강남 3구'라고 하는 강남구, 서초구, 송파구에 있는 고교 출신이거나 특수목적고와 자립형사립고 출신으로 집계됐다.

이 비율은 2003년 23.4%에서 2004년 24.8%, 2005년 28.1%로, 그리고 2006년에는 29.7%로 해마다 늘어난 것으로 나타났

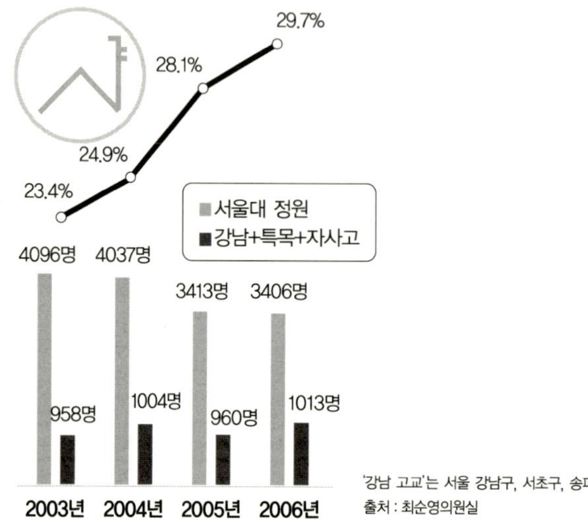

다. 서울대 합격생 가운데 '강남 고교' 출신 학생은 11.7%(399명), 강남에 주소지를 둔 '강남 학생'은 14.4%(490명)이었다. 특히 음대와 미대의 경우, 각각 합격생의 80%, 74.5%가 강남 고교, 특수목적고·자립형사립고 출신이었다. 법대·경영대도 각각 38.5%와 37.5%로 집계됐다.(《한겨레신문》 2006.10.24일자).

그 동안 우리 사회는 나름대로 건강했다. 부와 가문은 세습할 수 있을지언정 학벌은 세습할 수 없다고 믿었기 때문이다. 학벌 역시 우리 사회에서 많은 문제를 만들어온 것이 사실이지만, 그래도 젊은이들이 사회로 나가기 전에 딸 수 있는 생애 최초의 신분증명서로서 나름의 역할을 해왔다. 그리고 그 신분증명서는 닿을 수 없는 곳에 있는 환상이 아니라, 노력하면 거머쥘 수 있는 것이었다. 이를 통해서 사회의 새로운 세력으로 진입할 가능성도 있었다.

가난하던 시절, 억울하면 출세하란 말에 이를 악물고 주경야독하여 서울법대에 들어가고 사법시험에 통과한 사람도 얼마든지 있었다. 새로운 계층으로 '레벨 업'(level-up) 할 수 있는 몇 안 되는 길이 그래도 열려 있었던 것이다. 하지만 이조차 지금은 강남권의 아이들에게 점령당하고 있다. 이제 우리 사회는 더 이상 개천에서 용 나지 않는 사회로 굳어가고 있는 것일까.

제대로 알아야 대처할 수 있다

부자들이나 정부의 탓이 아니다

"부자들이 제 욕심만 채우려고 하니 양극화 문제가 생기는 거야. 특히 한국의 부자라는 족속들은 자기밖에 모르는 것 같아."

"정부는 뭐하는 거야? 이렇게 양극화가 심해지고 있는데, 무슨 대책을 마련해야 될 게 아냐!"

사실 양극화를 바라보는 우리의 시각은 이처럼 가진 자와 못 가진 자의 감정 대립 정도에서 머무는 면이 없지 않다. 게다가 정부가 무능해서 경제를 활성화시키지 못하고, 빈곤퇴치 정책을 제대로 수행하지 못해 양극화가 심해졌다고 보는 시각도 있다. 하지만 부자에 대한 반감이나 정부에 대한 원망만으론 양극화의 핵심을 정확히 파악할 수 없다.

우리나라 부자들이 유독 욕심 많고 이기적이기 때문에 우리 사회에 양극화 문제가 생긴 것이 아니다. 우리 정부가 특별히 무능하기 때문에 생긴 것은 더더욱 아니다. 다시 말해 오늘부터 우리나라 부자들이 욕심을 버리고 자신의 재산을 모두 나눠준다고 해서 —사실 그럴 리는 없지만 말이다— 양극화가 해소되지는 않는다. 또한 우리 정부가 어느 날 정말 멋진 빈곤구제 정책을 내놓는다고 해서 이 문제가 하루아침에 해결되는 것도 아니다.

일본의 국제전문 분석가인 후지이 겐키는 자신의 저서 《올라갈 수 없는 미래(這い上がれない未来)》*에서 21세기에 진행되고 있는 양극화의 원인을 '세계화'(Globalization)**와 IT 산업의 발전에서 찾는다. 그런데 이는 일본뿐만 아니라 우리나라에서도 그대로 적용되는 것 같다.

Note
_____

* 한국에서는 《90%가 하류로 전락한다》(이혁재 옮김, 재인)라는 제목으로 번역 출간되었다.
** 무역·자본자유화의 추진으로 재화·서비스·자본·노동·아이디어 등의 국제적 이동이 증가하면서 이에 따라 각국 경제가 통합되는 현상을 말한다.

세계화의 덫을 간파하라

어차피 부자들이란 자신의 부를 더 많이 불려나가기 위해 노력하게 되어 있다. 하지만 세계화가 진행되기 이전만 해도 그 양상은 달랐다. 말하자면 이런 것이다.

부자들은 돈을 벌기 위해 회사를 세우고 공장을 짓는다. 회사와 공장에는 일할 사람들이 필요하다. 따라서 고용이 늘어난다. 고용된 사람들은 급여를 받아간다. 사람들의 소득이 늘어나는 것이다. 부자 입장에서도 나쁘지 않다. 소득이 늘어난 사람들이 자신의 공장에서 만든 물건들을 사주기 때문에 더 많은 돈을 벌 수 있고, 회사나 공장도 확장해나갈 수 있다. 그렇게 되면 더 많은 사람들을 고용하게 된다. 그러면 사람들은 또 더 많은 소득을 얻게 되는 것이다.

과거 가난했던 60년대는 어땠는가. 우리 아버지, 삼촌 세대로부터 "왜 그 당시에는 그리도 일할 데가 없었으며 그토록 가난했는지……" 하는 이야기를 한 번쯤 들어본 적이 있을 것이다. 하지만 70년대에 들어서면서 우리나라는 달라졌다. 누가 독재정권의 비호 아래 어떤 성장을 했건 간에, 많은 기업가들이 위험을 무릅쓰고 공장을 세우고 회사를 만들어나갔다. 그리고 모두들 열심히 일을 했다.

모두 다 가난한 시절, 열심히 일해 소득을 늘려나간 사람들이 많아지면서 그들은 중산층이라는 새로운 계층을 형성했다. 두터운 중산층의 형성은 안정적인 소비를 창출해냈고, 나라 전체가 전보다 잘 살게 되었다. 부자들의 '욕심'이 사회에서 긍정적인 효과를 발휘한 예라 할 수 있다. 정부의 가난구제 정책이 아니라 본질적인 경제의 선순환이 만들어낸 쾌거였던 것이다.

하지만 시대가 바뀌었다. 세계는 그 장벽을 열기 시작했다. 90년대 초반 김영삼정부 때부터 본격적으로 불어 닥친 '세계화' 바람이 건전한 중산층의 입지를 점점 더 줄여갔다.

생각해보라. 이제 부자들은 반드시 국내에서만 공장을 짓고 회사를 만들 이유가 없어졌다. 값싼 노동력이 바로 이웃나라 중국에 널려 있기 때문이다. 그렇게 자그마치 13억이나 되는 중국인이 서서히 우리의 자리를 대체하고 있다. 게다가 동남아시아, 동유럽, 인도도 여기에 가세하고 있다. 부자들은 더 이상 값비싼 한국의 노동력에 모든 걸 의존하지 않는다. 필요한 부분만 제외하고는 생산 기반을 모조리 해외로 이전하는 것이다.

이것은 비단 우리나라만의 문제가 아니다. 유독 우리나라 부자들만이 비싼 인건비가 아까워서, 혹은 중산층이 형성되는 게 배가 아파서 공장을 외국으로 빼돌리는 것이 아니다. 어쩔 수 없는 세계적인 대세인 것이다. 이미 나이키가 그랬고, 도요타가 그렇게 하고 있다. 이런 상황에서 인건비가 비싼 자국에 안주하다가는 경쟁에서 뒤처지게 생긴 것이다. 이처럼 누구 한 사람만의 탓으로 돌리기엔 너무나도 복잡한 이유로 인해 세상은 그렇게 변해가고 있는 것이다.

값싼 노동력을 찾아 떠나는 기업들

　실제로 우리나라 기업의 해외 직접투자 건수는 2003년의 2,806건에서 2004년 3,765건, 2005년에는 4,391건으로 꾸준히 증가하고 있다. 2006년은 상반기에만 3,000건이 넘었다. 한국수출입은행과 한국은행에 따르면, 2005년 우리나라 기업의 국내 설비투자는 지난 1986년에 비해 5.5배 늘어났지만 해외 직접투자는 35.5배나 늘었다고 한다.

　기아자동차의 예를 들어보자. 2006년 말, 기아자동차는 슬로바키아 공장을 완공하기 위해 박차를 가했다. 왜 기아자동차는 저머나먼 동유럽에다 공장을 세우려고 할까? 이유는 아주 간단하다. 슬로바키아 공장에서는 월 400유로(약 48만 원)를 받는 근로자 3,100명이 연간 30만 대의 자동차를 만든다. 반면에 우리나라 공장에서는 월 400만 원 정도를 받는 근로자 6,000명이 연간 30만 대의 자동차를 만든다.

　'월 48만 원×3,100명' Vs. '월 400만 원×6,000명'……. 당신이 기아자동차 최종 의사결정자라면 어느 쪽을 선택하겠는가?

그래도 내 나라, 내 국민을 사랑해야 하지 않겠느냐고 반박한다면 할 말은 없다. 하지만 벤츠, 도요타, BMW와 치열하게 경쟁해야 하는 글로벌 경제체제에서 기업에게 무조건적인 애국심만을 강요하기엔 명분이 좀 약하지 않을까?

이러한 추세는 2003년부터 4년 동안 삼성전자, 현대자동차, LG전자 등 소위 국내 '빅3'라 불리는 기업의 채용 현황을 보면 더욱 뼈저리게 절감할 수 있다. 이들 기업은 4년 동안 해외에서 53,400명을 신규로 채용하였다. 이에 비해 국내 채용 인원은 44,707명에 그쳤다. 또한 이 기간 동안의 고용 증가율을 보면, 해외에서의 고용이 85.6%나 급증한 반면에 국내 고용은 36.0%에 그쳤다고 한다. 만약 과거와 같이 해외에 공장을 짓고 고용을 하는 일이 없었다면, 우리나라에서만 총 9만 명이 넘는 사람이 채용되었을 텐데 말이다.

다시 말해 그만큼의 기회를 우리는 박탈당하고 있는 것이다. 게다가 그 속도와 비중은 앞으로 이변이 없는 한 더욱더 가속화될 것이다. 젊은이들의 취업난에는 여러 이유가 있겠지만, 이러한 세계화와 무한경쟁에 따른 기업의 해외 이전이 가장 근본적인 이유라고 할 수 있다.

예상치 못한 어두운 그림자

양극화의 또 다른 원인은 다름 아닌 IT 산업의 발달이다. 대한민국은 자랑스러운 IT 강국이 되었다. 정말 뿌듯하다. 해외 유수의 IT 전문 기업이 그들의 신제품을 테스트하는 국가로 한국을 꼽고 있다. 세계 IT 제품의 '테스트베드'(Test bed)가 된 것이다. 그러나 화려한 스포트라이트 바로 옆에는 그만큼의 어두운 그림자가 드리워져 있는 법이다. 과학기술의 발전과 IT 산업의 발달은 점차 '노동 절약적'(laborsaving)이며 자본 활용적인 방향으로 산업구조를 변화시켜가고 있다.

우리나라도 여기에서 예외는 아니다. 과거에 직접 사람의 손을 빌려야 했던 산업은 점차 줄어드는 추세이다. 반면에 값비싼 장비를 들여다 자동화하는 산업은 늘어나고 있다. 다시 말해 이는 3대 생산요소인 토지, 노동, 자본 중에서 자본의 힘이 막강해졌다는 의미이다. IT 산업은 그 특성상 호황을 이루어 생산 시설을 확충한다 해도 그만큼 더 많은 인력을 필요로 하지 않는다. 특히나 단순 기능을 수행하는 노동자는 더욱 필요가 없어진다.

'기능 편향적 기술발전(SBTC : Skill-based Technological Change) 가설'이란 게 있다. 통상적으로 고학력 노동자는 기술 변화에 더 쉽고 빠르게 적응한다. 그리하여 컴퓨터와 같은 새로운 기술은 계속해서 고학력 노동자에 대한 수요를 증가시킨다. 그러나

이 새로운 기술은 일반적으로 단순 기능을 수행하는 저학력 노동
자를 빠르게 대체하게 된다. 다시 말해 여기서도 양극화가 나타나
는 것이다.

결국 우리나라의 IT 산업이 발전할수록 소수의 고학력 노동자
는 더욱더 좋은 조건의 일자리를 잡을 수 있게 되고, 다수의 단순
기능을 수행하는 저학력 노동자는 점점 더 일자리를 잃게 되는 것
이다.

03 [양극화]

중산층이여, 상류인생으로 이동하라

빠듯하지만 '안정된' 생활

흔히 중산층이 두터워야 그 사회가 건전하고 안정적이라는 말을 많이 한다. 세상 사람들이 모두 상류층이며 부자라면 참 좋으련만, 자원에 한계가 있는 현실 세계에서 모든 사람이 다 상류층이고 부자일 수는 없다. 언제 어디서든 항상 빈부의 격차는 생기게 마련이고, 가난한 사람은 어느 시대 어느 사회를 막론하고 존재할 수밖에 없다. 다만 한 사회에 너무나 가난한 사람이 많으면 사회는 불안과 파국으로 치닫게 될 가능성이 높다. 그래서 중간 계층의 존재가 중요한 것이다.

중산층이란 어떤 계층인가? 아쉽게도 중산층에 대한 명확한 기준이란 없다. 상류층이나 지배 계층, 혹은 노동자층이나 극빈자층은 어느 정도 구분을 할 수가 있지만, "어느 계층부터 어느 계층까지가 중산층이냐?"라고 물을 때 이를 명확하게 구분 짓는 것은 그리 쉽지가 않다.

그럼 중산층이란 무엇일까? 박태순의 소설 《어느 사학도의 젊은 시절》을 보면 이런 구절이 나온다. "안정된 생활을 빠듯하게 유지하면서 제집 마련하여 살아가고 있는 이른바 서울의 중산층 가정을 엿볼 수가 있었다."

그의 소설에서 묘사한 내용을 근거로 중산층을 추정해본다면, 비록 빠듯할지언정 자신의 집을 마련하여 안정된 생활을 유지하는 계층이라고 말할 수 있을 것 같다. 자, 그럼 우선 자신의 집이 있어야 중산층이라 하자. 지금은 없지만 향후 몇 년 후에는 내 집을 마련할 수 있을 것이라는 '달성 가능한' 계획을 가지고 있다면, 이 역시 중산층의 범주에 넣어도 될 듯싶다.

그런데 좀더 구체적으로 들어가면 모호한 부분이 여전히 있다. '비록 빠듯하게는 유지하고 있지만 안정적인 생활'이란 과연 어느 정도인가? 대략 월 소득이 어느 정도 되고, 어느 지역에 살면서 어떤 직업을 가지고 어느 정도의 문화생활을 누리며 사는 것이 안정적인 생활인가? 이렇게 묻는다면 중산층의 개념은 다시 모호해진다.

따라서 이렇게 추상적이고 모호한 중산층의 개념은 어떤 수치로 규정하기보다는 그 사회 구성원에게 직접 물어보는 게 제일 현명하다고 할 수 있다. 결론적으로 본인 스스로가 중산층이라 생각하는 사람이 많으면 많을수록, 그 사회는 안정적이고 건전하다고 볼 수 있는 것이다.

지난 10년간 무슨 일이 벌어졌을까?

우리나라의 경우 1990년대 후반까지만 해도 자신이 '중산층'이라고 생각하는 사람들이 80%에 달했다. 그러던 것이 2006년 3/4분기 통계청에서 조사한 자료에 따르면 53.4%로 줄어들었다고 한다. 이 기간 동안 1인당 국민소득은 8천 달러 수준에서 1만2천 달러를 넘어섰다. 수치상의 평균소득은 오히려 늘어났다는 이야기다.

하지만 이제는 스스로 중산층이라고 믿던 사람들 중 40% 정도가 더 이상 자신이 중산층이 아니라고 생각하고 있다. 지난 10년 동안 무슨 일이 벌어진 게 분명하다. 10년 동안 늘어났다는 1인당 국민소득 증가분인 4천 달러어치는 다른 계층의 주머니 속으로 들어갔다고 의심할 수밖에 없는 것이다.

물론 1인당 국민소득이란 것은 4천8백만 국민 개개인이 1년간 벌어들인 소득이 똑같이 1만2천 달러라는 말이 아니다. 우리나라의 전체 소득을 단순하게 4천8백만 명으로 나눈 숫자에 불과한 것이다. 그래도 전체 소득이 늘어났으면 상당수의 사람들은 윤택해져야 하는 게 아닐까? 하지만 50%대로 줄어든 중산층을 보면, 실제 피부로 느끼는 경제와 수치상의 경제가 점점 더 벌어지고 있다는 괴리감을 느낄 수밖에 없다.

솔직히 과거 10년 동안 일반 서민들의 급여가 물가 대비하여 그렇게 오른 것 같지는 않다. 게다가 갑자기 호화로운 생활에 빠져 엄청난 생활비를 지출했을 리도 만무하다. 하지만 점점 규모가 커지는 자녀 교육비나 월세 등으로 이래저래 돈 나갈 데는 늘어나고 내 집 마련은 요원해지다 보니, 스스로가 빠듯하고 '불안한' 생활을 꾸려나가는 계층으로 서서히 전락하고 있음을 깨닫게 된 것이다.

지난 10년간 세상이 이렇게 변해버렸다. 박태순의 소설에서도 묘사되었듯이 중산층의 생활이란 빠듯하기는 하나 안정적이어야 하는데, 대부분이 불안감을 느끼게 된 것이다.

자산을 가지고 있지 못한 죄(?)

불행히도 중산층은 자신을 지켜주는 보호 장비인 자산(資産)을 가지고 있지 않다. 그 동안 벌어들인 돈으로 그럭저럭 부족하지 않는 생활을 누려왔지만, 그 돈의 공급선이 끊어져버리면 그야말로 속수무책인 것이다. 마치 〈신세기 에반게리온〉*의 로봇 에바(EVA)와 같은 신세이다. 에바는 동력선이 끊어지면 자가발전을 할 수가 없다. 더 이상 움직일 수 없는 고철 덩어리가 되어버리는 것이다. 그런데 이것이 혹시 오늘날 우리 중산층의 자화상이 아닐까?

주위를 둘러보라. 부자들은 자신의 부를 지키기 위해 공장을 해외로 내보내거나 수지 안 맞는 사업을 접어버리고 모든 돈을 땅에 쏟아 붓고 있다. 이에 따라 우리 중산층의 동력선도 서서히 끊어져가고 있는 것이다. 하지만 그 동안 스스로 동력을 발생시킬 수 있는 자산을 만들어놓지 못한 중산층은 끊어져가고 있는 동력선을 바라보며, 마음만 불안할 뿐이다.

물론, 그 동안 몇 번의 기회는 있었다. 대표적인 것이 바로 IMF 구제금융의 시기였다. 원래 기회란 혼돈의 시기에 찾아오는 법이다. 나라가 절단날 것만 같았던 그 시기가 바로 자산을 축적할 수 있는 절호의 기회였다.

그리고 그 기회를 거머쥔 사람이 있었다. 대표적인 사람이 미

Note

* 전투병기인 에반게리온을 조종하는 주인공들의 이야기를 그린 안노 히데아키 감독의 일본 애니메이션.

래에셋의 박현주 회장이라 할 수 있다. 또한 당시 어떤 이유에서
건 집을 사거나 해서 자산을 축적한 사람도 있었다. 하지만 대부
분의 사람들은 앞으로 어떻게 될지 모르는 미래에 불안해할 뿐 어
떠한 준비도 하지 않았다.

지난 이야기를 해서 무엇 하랴……. 그보다는 앞으로가 문제
아닌가. 분명한 것은, 양극화 현상이 심화될수록 자산을 갖지 못
한 중산층의 몰락도 가속화된다는 것이다. 이제 곧 자신이 중산층
이라 믿는 사회 구성원이 50%가 아니라 40%, 30%로 줄어들 것
이다. 어느 날 아침, 문득 잠에서 깨어나 자신이 더 이상 중산층이
아니라는 것을 깨닫게 되는 것이다. 그 동안 중산층이라 착각하며
살았던 자신의 현실을 비로소 파악하게 되는 것이다.

하지만 동력선이 끊어져가도 기존의 소비 패턴을 하루아침에
바꿀 수는 없다. 일주일에 한 번쯤은 아이들을 데리고 나들이도
가야 한다. 간혹 공연이나 영화관람, 아니면 가족끼리의 소소한
외식 정도는 해야 한다. 자식 된 도리로 부모님 용돈도 챙겨드려
야 한다. 아니, 다른 것은 다 줄여도 자식농사에 들어가는 교육비
만큼은 줄일 수 없다.

나름대로의 사정은 다 있다. 그리고 정말 사는 데 중요하고 필
요한 것들이다. 하지만 세상은 야속하게도 중산층의 이러한 기본
적인 생활마저도 내놓을 것을 요구하고 있다. 그 동안 성실히 살
았건만, 단지 자산을 가지고 있지 못한 죄(?) 때문에 말이다.

15년 후, 당신의 모습을 그려보라

어르신들의 소풍

어르신들 사이에 '소풍 간다'는 말이 있다고 한다. 할 일 없는 어르신들이 삼삼오오 짝을 지어 지방으로 내려간다. 소풍의 목적지는 천안이다. 서울역에서 천안까지는 국선철도가 이어져 있다. 지하철 서울역에서 천안행 전철에 올라타고 나서 115분. 짧지 않는 시간을 달리면 이윽고 목적지인 천안에 도착하게 된다.

딱히 그곳에서 할 일이 있어서 가는 건 아니다. 그냥 차창 밖의 풍경도 보고 잡담도 하고, 그러다 지치면 앉아서 졸기도 하면서 시간을 보낸다. 천안에 내리면 무슨 단체에서 마련한 공짜 점심을 먹고 소일을 하는 것이다. 그렇게 시간을 보낸 후 다시 서울행 전철에 올라탄다. 일반인이라면 왕복 4천6백 원의 운임을 내야 하지만, 이것도 65세 이상의 노인에게는 공짜다. 그래서 노인들은 거의 몇 푼 안 들이고도 하루를 보낼 수 있다.

이것은 초등학교 시절, 가슴 설레며 손꼽아 기다리던 그런 종류의 소풍이 아니다. 돈 없고 할 일 없는, 그래서 지지리도 많은 시간을 어떻게 보내야 할지 모르는 우리 시대 노인들의 궁여지책이 바로 '어르신들의 소풍' 인 것이다.

누군들 구차하게 살고 싶은가

당신도 노후를 이렇게 보내고 싶은가? 노후에 기다리는 삶이 이러하다면 정말 두려운 일이 아닐 수 없다. 차라리 그렇게 무의미하게 시간을 때우며 사느니 죽는 게 낫다는 극단적인 생각을 하는 사람도 있을지 모른다. 하지만 인명은 재천이라 마음대로 죽을 수도 없다. 더욱이 평균수명까지 늘어나고 있는 추세다.

예전에는 30세 정도까지 부모의 도움으로 학업을 마친 후, 스스로의 힘으로 30년 정도 열심히 돈을 모으고 자식들을 키우다 대략 10~15년 정도 손자들의 재롱을 보며 여생을 보내면, 그것으로 참 잘 산 인생이었다. 예금 금리도 10여% 정도 되었고, 퇴직금도 묵직했다. 내 집 마련도 허리띠 졸라매고 노력하다 보면 그럭저럭 가능했다. 빠듯하지만 부모님을 봉양하면서 자식들도 키워나갈 수 있었다.

자식들이 성장해서 시집, 장가를 보내고 난 후에도 노부부가 그럭저럭 살아갈 수 있는 터전이 있었고, 여건도 되었다. 풍족하지는 않지만 매달 자식들이 보내주는 용돈이 있어 나름대로 자식 키운 보람도 느끼며 살 수 있었다. 그게 우리 아버지 세대의 평균적인 삶이었다. 그럼에도 불구하고 늘그막에 '소풍'을 가야 하는 노인들이 점점 많아지는 게 지금의 현실이다.

그러면 지금 한창 가정경제를 운영하고 미래를 준비해나가야 할 대한민국의 평범한 30·40대는 어떨까? 우리 아버지 세대처럼 그런 삶이 가능할까? 내 집도 마련하고 퇴직금도 묵직하게 받을 수 있을까? 우리 때보다 더 어렵게 키운 자식들이 부모님 감사하다며 용돈이라도 보내줄 수 있을까? 아니, 그런 게 없다 하더라도 은퇴 후 5, 6년만 아등바등 살다보면 수명이 다해 65세 즈음에 구차하지 않게 생을 마감할 수 있을까?

무엇 하나 노인이 될 우리 세대에게 이로운 것은 없어 보인다. 그럼 무엇을 해야 할까? 어떻게 남은 인생을 살아가야 할까? 우리 시대의 가장 커다란 숙제가 아닐 수 없다.

우리 세대가 노인이 되었을 때, 어쩌면 우리 대부분은 용돈 몇 푼만 있으면 소풍이라도 갈 수 있었던 지금의 노인들을 부러워할지도 모른다. 왜냐하면 부양을 받을 노인들은 점점 더 늘어나는데, 이들을 먹여 살려야 할 젊은이들은 점점 더 줄어들기 때문이다. 그때가 되면 노인 우대 공짜 차표도, 무슨 단체에서 주었다던 공짜 점심도 없어질지 모른다. 그게 바로 고령화 사회의 한가운데 서있을 우리 세대의 미래상일 수 있다.

이미 시작된 15년 후…

UN에서는 65세 이상 노령 인구의 비율이 7%가 넘는 사회는 고령화 사회(Aging Society), 14%가 넘으면 고령 사회(Aged Society), 20% 이상일 경우 초고령 사회(Super-aged Society)로 분류한다. 통계청 자료에 따르면, 우리나라의 경우는 2000년에 65세 이상 인구가 7.2%로 이미 고령화 사회에 진입했다고 한다.

게다가 2018년이 되면 전체 인구의 14.3%가 65세 이상의 노인으로, 고령 사회 역시 머지않았다고 한다. 또한 2040년에 이르면 65세 이상이 전체 인구의 32% 정도가 될 것으로 추산하고 있다. 돌이킬 수 없는 초고령 사회 역시 대략 30년 이후면 바로 현실이 된다. 현재 이 책의 주요 독자가 필자가 속한 30대에서 40대라고 본다면, 우리가 60대에서 70대가 되는 그 시점이 바로 초고령 사회인 것이다.

　최재천 교수의 《당신의 인생을 이모작 하라》(삼성경제연구소)에서는 우리나라의 인구 변화에 따른 고령 사회의 미래를 잘 묘사하고 있다. 2020년에는 우리나라 국민의 평균수명이 80세를 훌쩍 넘어, 마침내 '인생 90'의 시대를 넘보게 된다고 한다. 현재의 예측에 따르면 우리나라 인구는 2020년을 정점으로 하여 하향곡선을 그릴 것으로 보이는데, 결국 5천만을 넘지 못하고 4천9백만 정도에서 고개를 숙일 것으로 예상하고 있다.

　그때가 되면 65세 이상의 노인들이 15세 미만의 어린이들보다 많아진다. 이른바 노인국이 되는 것이다. 2020년이 되면 노인 부양 부담률이 20%가 넘는다. 다시 말해 젊은이 네 명이 노인 한 명을 책임져야 하는 시대가 되는 것이다. 그런가 하면 50세 이상의 고령자들이 유권자 인구의 절반을 차지하게 된다고 한다.

　2020년이라고 하면 무슨 공상과학 영화에서나 본 먼 미래처럼 느껴지겠지만, 실제로는 불과 15년이 채 남지 않은 가까운 미래다. "지금의 20~30대 청년들은 2020년이면 벌써 은퇴를 걱정해야 할지도 모른다. 40대 이상의 중년들은 모두 그때가 되면 잉여 인간의 비애를 느끼며 비굴한 인생을 살아야 할지도 모른다. 잠시 하던 일을 멈추고 15년 후의 자신의 모습을 그려보라. 서둘러야 한다. 이보다 더 중요한 문제는 없다."고 최재천 교수는 강조한다.

굶지 않는다고
제대로 산다고 할 수 있을까?

'샌드위치 세대'의 비애

이제 먹고사는 이야기를 한번 해보자. 다른 사람이 아닌 바로 우리 자신에 대해서 말이다. 2040년이 되면 여자는 85세, 남자는 75세까지 충분히 살 수 있다고 한다. 그런데 그 긴 세월 동안 우리는 계속 돈을 벌어서 먹고살 수 있을까? 지금도 '사오정'이니 '오륙도'니 하는 마당에 앞으로 그게 가능할까? 50대에 퇴직을 한다고 가정해도 앞으로 25~30년은 더 살아야 한다는 이야기인데, 그 동안 쓸 돈을 만들어놓을 수 있을까?

불행히도 세상은 양극화로 치닫고 있다. 끝없는 성장만이 가능할 줄 알았던 70, 80년대의 경제 상황과는 다르다. 다 같이 웬만큼 소득 수준이 높아지는 시대는 종말을 고했다. 이제 우리 사회는 폼 나게 여유를 즐기며 인생의 아름다움을 만끽할 '실버 계층'과 하루하루 생활을 걱정해야 하는 '노인 계층'으로 나눠질 가능성이 높다.

자녀들의 봉양도 바랄 수 없다. 우리 세대가 부모님을 모셨던 마지막 세대이면서 자식들로부터 봉양 받지 못하는 첫 세대가 되리라는 건 너무나도 자명해 보인다. 미국에서는 이미 이러한 우리 세대를 일컬어 '샌드위치 세대'(Sandwich Generation)라는 신조어까지 나왔다. 젊은 시절 열심히 우리들 월급에서 떼어갔던 국민연금은 쥐꼬리만한 생계비만 지급할 것이다. 하지만 굶지만 않는다고 제대로 산다고 할 수 있을까?

통계청에서 발표한 '2006 고령자 통계'에 따르면, 2006년 현재 65세 이상 고령자 100명 중 18명이 혼자 살고 있는 것으로 나타났다. 이는 2000년에 비해 1.9%포인트 상승한 것이다. 또한 고령자 부부만 살고 있는 가구(2인 1세대)의 경우는 2000년에 비해 4.3%포인트 상승했다. 다시 말해 노인 부모를 모시는 가정이 점차적으로 줄어들고 있다는 것이다.

그리하여 고령화에 따른 사회적 지출도 증가하는 추세다. 2006년 노년 부양비*는 7.6명이다. 그러나 2030년에 이르면 상황은 훨씬 심각해진다. 통계청의 전망에 의하면 생산가능 인구 2.7명이 고령자 한 명을 먹여 살려야 한다. 그 비용 또한 만만치 않다. 2006년 노인 복지와 관련된 정부예산은 5천910억 원(0.4%)으로, 2005년에 비해 626억 원 가량 증가했다.

건강보험 쪽도 상황은 마찬가지다. 2006년 건강보험 지출액에서 65세 이상 고령자에게 지급된 의료비는 전체 의료비의 24.4%에 해당하는 6조556억 원이다. 이는 2000년의 2조2천893억 원(17.4%)에 비해 4조 원(7%포인트) 가량 상승한 것이다.

정부에서 이렇게 비용을 쏟아 붓는데도 불구하고 고령자의 애로사항은 여전히 경제적 어려움이다. 나라에서 퍼붓는 돈에 비해 그것을 받아야 하는 사람들이 점점 더 늘어나기 때문이다. 역시 통계청의 자료에 따르면, 2005년 고령자 부부 가구의 월평균 소득은 116만 원으로 고령자가 아닌 부부 가구의 월평균 소득인 300만 원의 38.7%에 불과했다. 고령자 부부 가구의 소득 구성비를 보면 이전소득(移轉所得)**이 54.6%로 가장 많고, 그 다음은 근로소득 10.2%, 사업소득 8.4% 순이다.

하지만 소비는 일반 부부 가구와 별반 차이가 없다. 고령자 부

Note

* 65세 이상의 고령자 한 명을 부양하는 데 15~64세 사이의 생산가능 인구가 몇 명이나 동원돼야 하는지를 보여주는 수치다.

** 생산활동을 통해 벌어들이는 소득이 아니라, 이전지급에 의해 생기는 소득을 말한다. 여기서 이전지급이란 정부기관에 의한 연금이나 건강보험 등에서 보조받는 치료비와 같은 사회보장 급부나, 기업이 개인에게 증여하거나 기부하는 급부 등 무상으로 지급되는 것을 말한다.

부 가구의 월평균 가계지출은 월평균 소득보다 3만 원 적은 113만 원이다. 가계지출 중 소비지출이 차지하는 금액은 102만 원으로, 이 중에서 식료품비 지출 비중이 30.7%로 가장 높았다. 이어 주거광열비 12.8%, 의료비 12.6%, 교통·통신비 9.9% 순이다. 이렇듯 비용을 부담해야 하는 사람은 줄어들고 있는데, 받아야 할 사람과 그에 따른 비용은 점점 더 늘어나고 있다. 가히 설상가상(雪上加霜)이란 사자성어가 딱 들어맞는 상황이다.

그러나 이것 역시 어디까지나 단순한 수치에 불과할 뿐이다. 청년실업과 조기퇴직을 감안한다면, 실제 생산활동에 참여하는 인구가 세금이나 연금 등의 방법으로 부담해야 하는 수치는 더욱 크다고 볼 수 있다.

그래도 국민연금이 있다고?

"효, 그리고 충분하지 않지만, 국민연금은 노후 준비의 기본입니다."

언젠가 복지부와 국민연금관리공단에서 만들었던 국민연금 광고의 한 대목이다. 모름지기 광고란 우리 제품이 제일 좋다고 선전하기 마련이다. "써보면 확 달라진다니까요", "대한민국 대표 브랜드", "최정상을 원하는 귀하를 위해……". 뭐 이런 식의 광고 카피는 이미 우리에게 익숙해져 있다. 물론 어린아이가 아닌 이상 이러한 광고 카피를 곧이곧대로 믿지는 않을 것이다. '저렇게 말하는 걸 보니 나쁘지는 않을 것'이라고 생각할 뿐이다. 광고란 원래 소비자의 환심을 사기 위해 다소 과장되게 연출된다는 걸 익히 잘 알고 있기 때문이다.

하지만 국민연금의 광고는 다르다. 드러내놓고 '충분하지 않지만'이라고 말한다. 국민연금을 직접 관리하고 운영하는 당국에서조차 국민연금 광고를 만들면서 충분하지 않다고 얼버무리는 것이다. 그럼 광고 카피라는 게 대체로 과장하게 되어 있다는 논리를 들이댄다면, 국민연금은 노후 준비에 충분하지 않는 게 아니라 '부족하다'는 추론이 나온다. 그래도 관계 당국이 어느 정도 양심적이어서 차고 넘친다는 거짓말은 못하고, 그저 충분하지는 않다는 식으로 얼버무린 모양이다.

국민연금 광고가 처음부터 얼버무리는 느낌의 '충분하지는 않지만'이란 카피를 쓴 것은 아니다. 그 전의 국민연금 광고 중에는 국민연금 하나면 노후가 걱정 없을 것 같은 느낌을 주는 것도 있었다. 그러나 국민들은 바보가 아니다. 국민연금 고갈이 불을 보듯 뻔한 상황에서 오히려 그러한 광고는 반감을 불러일으킬 수밖에 없다. 그래서 관계 당국이 이를 인정하는 느낌의 어정쩡한 광고 카피가 나온 게 아닌가 생각된다.

사실 국민연금의 현재 상황은 자료만 봐도 금방 알 수 있다. 민간 연구기관은 현행 국민연금 방식이 계속 유지된다면, 2040년경에 완전히 고갈될 것이라고 예측한다. 다른 연금들도 안전지대는 아니다. 군인들을 위한 군인연금의 경우, 1975년부터 국가 재정에 의존하고 있다. 공무원들이 기대하고 있는 공무원연금조차도 2001년부터 적자 상태에 들어섰다.(《당신의 인생을 이모작 하라》, 최재천 지음, 삼성경제연구소).

이렇게 줄 돈은 점점 고갈되고 있는데, 정작 받아야 할 노인들은 계속 증가하고 있다. 2003년 기준으로 국민연금, 군인연금, 공무원연금 등을 모두 포함하여 우리나라 공적연금을 받아야 하는 사람은 약 45만5천 명이었다. 그러던 것이 2005년에는 총 73만7천 명으로 늘어났다.

이러한 폭발적인 증가세가 앞으로 더하면 더했지 덜할 리가 없다. 이런 추세로 간다면, 2040년 이후 우리가 노인이 되었을 때 받을 수 있는 돈은 거의 없다고 봐야 한다. 가난은 나라님도 구제할 수 없다는데, 국민연금의 미래를 보면 그 암울한 실체가 여실히 드러나는 듯하다. 이제 누가 우리의 노후를 보장해줄 수 있을까?

돈 걱정 없는 노후를 위한 조건

'평균적인' Vs. '품위 있는' Vs. '풍족한'

최선을 다해 열심히 살았다. 부모님이 살아계신 동안 섭섭하지 않게 봉양을 했다. 장례도 잘 치러드렸다. 자녀들도 남부럽지 않게 키웠다. 시집, 장가도 잘 보냈다. 이제 손자들도 생겼으니 마냥 어린아이라 생각했던 자녀들도 한 집안의 가장으로서, 부모로서 자기 몫을 하며 잘 살아갈 것이다. 이제는 함께 동고동락 해온 배우자와 여생을 편안하게 보내는 일만 남았다. 자, 이런 노부부에게 얼마의 돈이 필요할까?

LG경제연구원은 현재 30세 동갑내기 부부가 은퇴한 후 60세가 되어 서울에 거주하면서 '평균적인' 노후생활을 할 경우, 노후생활비 총액은 5억3천109만 원이라고 추정했다. 물론 연평균 물가상승률이 3%라는 가정이 따라붙는다. 그러나 여기서 '평균적'이라는 말이 어느 정도 수준인지는 받아들이는 사람마다 조금씩 다를 것이다.

특히 현재 30세라면 우리나라 경제의 고도성장기에 태어나 비교적 여유로운 소비문화를 만끽하며 유년기와 청년기를 보낸 세대이다. 자기 개성에 맞는 소비도 할 줄 알고, 문화생활도 즐길 줄 아는 세대다. 그렇다면 앞서 말한 금액은 궁핍하지 않는 생활을 위한 최소한일 뿐, 일반적으로 꿈꾸는 풍요로운 노후생활을 누리기엔 턱없이 모자란 금액이다.

가령 1년에 1~2회 정도 해외여행도 즐기고, 매년 건강검진도 받으며, 노부부가 음악회나 공연 등을 가끔씩 관람하는 정도의 소위 '품위 있는' 노후생활을 즐긴다고 하자. 그러면 이 수준에서 한 달에 100만 원 정도의 여윳돈이 더 필요하다.

다시 말해 이렇게 살고 싶다면 현재 30세인 서울 거주 부부는 60세까지 9억1천731만 원의 돈을 모아야 한다는 것이다. 만약 이보다 더 '풍족한' 노후생활을 위해 한 달에 150만 원 정도를 문화생활비나 건강유지 비용으로 쓴다고 계산하면, 60세까지 11억 7천307만 원이 필요하다.

자, 그럼 이쯤에서 단순하고 비현실적인 계산을 한번 해보자.

현재 서울에서 거주하는 30세 동갑내기 부부는 60세가 될 때까지인 30년 동안 얼마의 돈을 모아야 할까? 평균적인 노후생활에 필요한 5억3천109만 원을 모으려면 매달 56만 원씩 모으면 된다. 물론 여기서 연간 6%의 이자가 붙는다는 가정하에서 계산한 것이다. 그리고 이 방식대로라면 품위 있는 노후생활을 위해서는 매달 97만 원을 30년간 적립해 모아야 하며, 풍족한 노후생활을 위해서는 124만 원을 모아야 한다는 계산이 나온다.

우리나라 30대의 평균 가구당 월평균 소득이 290만 원 내외라고 한다. 그렇다면 풍요까지는 아니더라도 품위 있는 노후생활을 하기 위해서라도 월평균 소득의 3분의 1은 부부 자신의 노후를 위해 투자를 해야 한다는 계산이 나온다. 그런데 과연 자녀들의 사교육비나 부식비, 부모님 용돈, 각종 보험금과 공과금을 내고 나면 그만큼의 돈을 모을 수나 있을까?

물론 앞서 해본 계산은 미래를 가장 단순화시킨 숫자놀음에 지나지 않을 수도 있다. 사놓은 집이 천정부지로 올라 노후에 그 집을 팔고, 작은 평수의 집을 사거나 아예 전세로 옮기는 방법으로 노후 자금을 마련할 수도 있다. 또한 주식이나 기타 투자에서 대박이 터질 수도 있다. 이도 저도 아니면 로또에 당첨되어 그저 풍족한 정도가 아니라 호화스러운 노후생활을 만끽할 수도 있을 것이다.

하지만 인생을 30년 또는 40년 이상 살아온 우리 세대는 잘 안

다. 인생에서 그러한 일들은 좀처럼 찾아오지 않는다는 것을 말
이다.

허송세월 할 시간이 없다!

이번에는 LG경제연구원의 자료와는 달리 조건을 조금 단순화
해서 다시 계산해보자. 65세에 은퇴를 하고 85세까지 20년간을
산다고 상정하자. 그리고 노부부 둘이서 여유 있게 노후생활을 하
기 위해서는 월 300만 원 정도가 필요하다고 하자. 그럼 이 노부
부는 은퇴 시점에서 14억 정도의 현금을 갖고 있어야 한다. 이번
엔 매년 3.5%의 물가상승률을 감안했다.

자, 그럼 14억의 돈을 모으기 위해서는 매달 얼마를 모아야 할
까? 연리 7%의 이자를 받는 금융상품에 가입했다고 가정할 때,
지금 30세인 부부의 경우는 65세까지 매월 89만 원을 모아야 한
다. 하지만 35세의 경우는 매달 130만 원을, 그리고 40세 부부의
경우는 매달 194만 원을 모아야 한다.

이 책을 읽고 있는 40세 독자라면 이 대목에서 숨이 턱 막힐지
도 모르겠다. 매달 200만 원에 가까운 돈을 노후 자금으로 모아야
한다니, 여기다 자녀 교육비에 주택마련 자금까지 생각하면 도저
히 견적이 안 나오기 때문이다.

그런데 40세 부부의 경우는 30세 부부와 비교해 왜 두 배 이상

이 차이가 나는 걸까? 이러한 커다란 차이는 이자에 이자가 붙는 '복리(複利)효과'가 작용했기 때문이다. 일찍이 아인슈타인은 "20세기의 가장 위대한 발견이 바로 복리다"라고 말했다고 한다. 그러므로 노후 자금은 한시라도 빨리 준비하는 게 상책이다. 그 외엔 달리 방법이 없다.

믿을 건 내 자신뿐, 지금 당장 시작하라!

믿지 말자, '3J'

노후 대책을 마련할 때 믿지 말아야 할 세 가지가 있다고 한다. '자식[Jasik], 정부[Jeongbu], 직장[Jigjang]' 등 '3J'가 바로 그것이다. 자식이 노후에 자신을 부양할 것이라 믿지 말고, 국민연금과 같은 정부의 정책이나 제도를 믿지 말 것이며, 직장에서 정년까지 고용을 보장해주고 퇴직할 때는 묵직한 퇴직금을 챙겨줄 것이라 믿지 말라는 것이다.

그렇다면 결국 믿을 수 있는 건 자기 자신밖에 없다는 결론이 나온다. 이쯤에서 이런 질문을 해보자. "노후 대책 문제에서 과연 자기 자신은 믿을 만한가?" 아무래도 이 문제에 자신 있게 대답할 수 있는 사람은 몇 명 안 될 것 같다.

〈이데일리〉가 현대경제연구원과 공동으로 2005년 10월 19일부터 24일까지 실시한 설문조사에 따르면, 직장인의 88%가 노후생활을 걱정하고 있다고 한다. 하지만 정작 노후를 위해 충분한 준비를 하고 있는 직장인은 100명 중 두 명에 불과하다는 것이다. 이렇듯 정작 믿어야 할 자신조차도 노후생활에 대해 막연히 걱정만 할 뿐, 아무런 준비를 못하고 있다는 것이다.

물론 이유는 많다. 내 집 마련, 자녀 양육, 부모 봉양 등 여러 가지 당면과제에 신경을 쓰다 보면 정작 자신의 노후를 위한 자금을

그림2 | 은퇴 이후 노후 준비 상황(단위%)

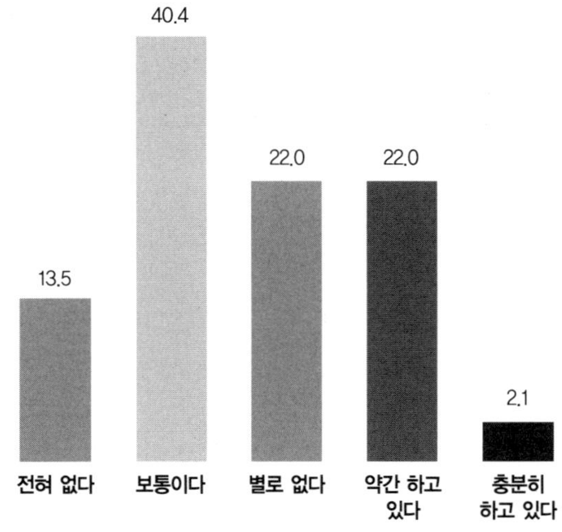

따로 준비하기가 쉽지 않다. 그야말로 월급은 뻔한데 돈 나갈 데는 한두 군데가 아니니 말이다.

특히 앞으로 더욱 심해질 양극화 사회에서 살아갈 터전을 마련해주기 위해서는 자녀에게 아낌없이 지원을 해줘야 하는데, 정작 그러고 나면 자신이 늙어서 먹고살 게 없어진다. "애들 밑으로 들어가는 돈도 장난이 아닌데, 어떻게 나만 편하자고 노후 자금을 모은단 말이냐." 이런 하소연에 고개를 끄덕일 수밖에 없는 것이 우리의 엄연한 현실이기도 하다. 노후 자금 마련할 돈 있으면, 아이들 학원이라도 한 과목 더 보내겠다는 말이다.

하지만 곰곰이 생각해보면 노후 자금을 마련하는 게 반드시 부부 둘만을 위한 것은 아니다. 넓은 의미에서 보면 우리의 자녀들을 위한 것일 수도 있다. 우리가 나이 들어 경제적 능력이 없다면 자녀들 입장에서도 여간 골칫거리가 아닐 수 없다. 그때가 되면 우리의 자녀들 역시 그들의 자녀들을 양육하기 위해 힘겨울 것이다. 그런 상황에서 늙은 부모까지 부양해야 한다면 얼마나 힘들 것인가? 아마 젊었을 때 미리미리 노후 대비를 해놓지 않은 우리를 원망할지도 모른다.

엄마는 아가를 보며 이렇게 생각한다. '다음에 네가 커서 어른이 되면 늙은 나를 보살펴주겠지. 아가야?' 하지만 아가는 아마 이런 생각을 하고 있을 것이다. '죄송해요, 엄마. 그땐 나도 내 자식들을 돌보느라 바쁠 거예요.'(《진화심리학》, 딜런 에번스 지음, 이

충호 옮김, 김영사). 씁쓸하고 야속한가? 어쩔 수 없다. 이게 바로
인간이 자신의 유전자를 남기면서 진화해온 가장 자연스러운 모
듈이니까.

두려워하는 대신 실행하라

'노후'나 '은퇴'라는 말을 들으면 어떤 것들이 떠오르는가? 얼
마 전 다국적 금융회사인 HSBC가 한국, 미국, 영국, 일본 등 전
세계 22개국 성인 남녀 2만4천 명을 대상으로 실시한 설문조사를
살펴보면, 우리나라 사람들의 노후나 은퇴에 대한 불안감이 여실
히 드러난다.

'외로움, 두려움, 지루함'……. 우리나라 사람들이 '은퇴'라는
말을 들을 때 가장 많이 떠오르는 단어들이라고 한다. 한국인의
48%가 은퇴를 두려움으로 표현했다. '자유, 행복, 만족'이라는
단어를 떠올리는 외국인들과 사뭇 대조적이다. 심지어 우리와 정
서적으로 비슷한 일본이나 홍콩 등 아시아 국가의 사람들도 22%
만이 은퇴를 두려움이라고 표현했는데 말이다.

한편, 설문조사에 응한 외국인의 61%, 아시아인의 56%가 '은
퇴란 행복한 것'이라고 생각했다. 하지만 우리나라에서 '은퇴=행
복'이라고 꼽은 응답자는 33%에 불과하다. 과연 그 이유는 무엇

일까?

일단 우리나라 사람들은 은퇴란 뒷방으로 물러나는, 인생의 종착역이라고 생각하는 경향이 있다. 현재 다니는 직장에서만 모든 것을 걸고 아등바등하다 보니 은퇴 이후의 생활에 대한 아무런 준비가 안 되어 있는 것이다. 인생의 새로운 막을 알리는 커튼이 올라가도 그 무대 위에서 무엇을 공연해야 할지 아무런 시나리오가 없다. 그러니 '은퇴=두려움'이라는 등식이 성립할 수밖에 없는 것이다.

게다가 할 일이 없다면 돈이라도 있어야 할 텐데, 지금 형편으로는 기본적인 노후 자금조차 마련하지 못할 것 같다. 이런 상황에서 어떻게 행복한 은퇴가 머릿속에 그려지겠는가?

이렇게 우리나라 사람들의 은퇴에 대한 준비는 대체로 거의 백지 상태라 할 수 있다. 생애 재무설계라는 것을 해본 적도 없고, 이에 대해 상담을 받아본 적도 없다. HSBC의 설문조사에 따르면, 한국인들은 84%가 노후생활을 준비하기 위해 따로 관련 정보를 찾아본 적이 없고, 90%가 은퇴 준비를 위해 전문가와 상담을 해본 적도 없다고 한다.

상당수의 직장인이 연초가 되면 바빠진다. 작은 단위로는 그해 매출 계획을 세우고, 큰 단위로는 회사 전체의 전략 및 계획을 수립하고 이에 대한 타당성 검토 작업을 해야 하기 때문이다. 날밤을 새우며 엑셀을 돌리고 파워포인트로 자료를 만든다. 서로 머리를 맞대고 토론을 해가며 팀장과 조율을 한다. 회사의 1년 계획이 서야 업무가 돌아가고, 그에 따른 성과를 평가할 수 있기 때문이다.

이러한 회사의 업무에 우리 30~40대는 가장 큰 역할을 한다. 한창 현장의 실세로 일하는 회사의 중요한 '어깨 계층'이기 때문이다.

그런데 말이다. 우리 세대의 상당수가 회사의 계획은 이토록 열심히 준비하면서, 정작 중요한 자신의 노후에 대한 계획은 지금까지 한 번도 제대로 세워본 적이 없다. 그러면서 믿어서는 안 될 자식의 봉양이나, 직장의 퇴직금, 정부의 국민연금 등에 내심 의존하고 있는 것이다.

정말 아이러니가 아닐 수 없다. 명백하게 자신에 대한 직무유기가 아닌가. 어떻게 보면 자신의 인생을 너무나도 무책임하게 유기하고 있는 것이다.

결코 틀리지 않을 미래 예측

인간은 미래를 예측한 정보를 바탕으로 현재를 준비하는 동물이다. 그래서 우리들은 일기예보를 보고, 하반기 주식시장 전망을 보고, 내년도 경제성장률을 본다.

하지만 이러한 예측들은 어디까지나 미래에 관한 일이므로 잘 맞지 않는 경우가 허다하다. 내일은 맑을 것이라는 일기예보와는 달리 갑작스런 소나기로 오랜만의 야유회를 망친 경험이 누구에게나 있을 것이다. 하반기 주가가 상승할 것이라는 전망만을 믿고 '몰빵'을 질렀다가, 큰 낭패를 본 적도 있을 것이다.

반대의 경우도 있다. 주어진 정보만 분석해보면 질 게 뻔한 경기임에도 불구하고, 불굴의 투지로 승리의 신화를 일궈내는 경우도 있다. 투자한 사업이 망할 것이라 절망하고 있는데, 갑작스런 호재가 발생하여 극적으로 회생하는 경우도 있다.

이렇듯 전망과 예측은 어디까지나 미래에 대한 이야기이므로, 항상 불확실성이 따르게 마련이다. 다시 말해 여러 정보를 토대로 예측도 하고 전망도 해보지만, 인간이 신이 아닌 이상 완벽할 수가 없는 것이다. 그래서 이 때문에 예상하지 못한 큰 낭패를 볼 수도 있고, 큰 성공을 거둘 수도 있는 것이다.

하지만 미래를 예측하는 여러 정보 중에 예외가 하나 있다. 불확실성이 거의 없어 예측한 대로 전개될 것이 뻔한 그러한 정보 말이다. 인구통계가 바로 그것이다.

이것은 현재의 인구구성 비율이나 출산율, 그리고 평균수명에 대한 통계이다. 그러므로 앞으로 전쟁이나 대규모 전염병이 돌지 않는 이상, 지금의 인구통계로 40~50년을 예측하는 것에 불확실성이란 거의 없다고 봐야 한다.

이것은 일기예보나 주가 전망, 그리고 경기 전망을 위한 정보와는 차원이 다르다. 어차피 정해진 인구에, 죽어가고 태어날 사람들의 숫자는 정해진 것이나 다름없기 때문이다.

그래서 인구 전망이 중요하다는 것이다. 그래서 고령 사회에 대한 경고가 무서운 것이다. 이렇듯 너무나도 명확한 전망을 눈앞에 두고, 우리는 오늘도 쥐꼬리만한 월급만 핑계 대며 허송세월을 보내고 있는 건 아닌지 반성해볼 일이다.

누가 자산시장의 변화를 주도하는가

양극화, 고령화는 자산시장을 어떻게 바꿀 것인가

이미 진행되고 있는 양극화와 고령화……. 이 거친 파고에도 끄떡하지 않는 '뿌리 깊은 나무'가 되는 길은 어디에서 찾을 수 있는가? 이 거역할 수 없는 두 가지 거대한 흐름 속에서 살아남는 방법은 무엇인가? 그에 대한 대답은 아주 간단명료하다. 바로 '자산'(資産)을 갖는 것이다. 부동산이 되었건 공장이 되었건, 펀드가 되었건 스스로 움직여서 돈을 벌어다 주는 자가발전(發錢) 시스템을 갖고 있어야 한다. 그것도 하루빨리, 그리고 될 수 있는 한 많이 가져야 한다.

양극화와 고령화가 동시에 진행되면서 부동산, 주식으로 대표되는 자산시장에도 많은 변화가 일어날 것으로 예상된다. 자고로 변화 속에 기회가 있는 법이므로, 변화하는 자산시장의 추이에 어느 때보다도 관심을 두어야 할 것이다. 자, 그러면 자산시장은 앞으로 과연 어떻게 변화할 것인가?

자산시장의 변화에 대해 말하기 전에 우선 아주 당연하지만 중요한 두 가지 경제현상에 대해 이야기해보자. 첫째, 사람들은 각자 자신의 연령에 맞는 소비행동이나 구매 패턴을 보인다는 것이다. 10대는 결코 모피코트를 사지 않으며, 50대는 결코 힙합바지를 입지 않는다. 이는 자산시장에서도 그대로 적용된다. 예컨대 자녀가 있는 40대의 가장이 내 집을 소유하려는 욕구는 20대 대학생이 내 집을 소유하려는 욕구와 비교도 안 될 만큼 크다는 것이다.

둘째, 모든 시장은 사람들에 의해 움직이며, 사람들이 많이 몰리는 쪽에서 수요가 살아나고 시장도 활성화된다는 것이다. 이 역시 자산시장에서도 그대로 적용되는데, 가령 주식시장에 매수자들이 늘어날수록 주가가 오르고 주식시장이 활황을 맞게 되는 것이다.

그럼 이 두 가지 현상을 조합해보자. 여기서 우리는 한 사회에서 가장 구성원의 수가 많은 연령대가 몰려드는 시장이 번성한다는 결론을 얻을 수 있다. 이것이 바로 우리가 '베이비붐 세대'에 주목해야 하는 이유다. 그들의 행태는 시장을 좌지우지하는 중요한 요인이 된다. 따라서 현재 우리나라의 베이비붐 세대가 어느 연령대에 속해 있는지를 파악하고, 그들의 행태를 읽고 미리 준비해나간다면 큰 성과를 얻을 수 있을 것이다.

베이비붐 세대를 주목하라

우리나라의 베이비붐 세대는 한국전쟁이 끝난 후 출산율이 급격히 늘어난 시기에 태어난 세대로, 통상 1955년에서 1963년 사이에 태어난 사람들을 지칭한다. 통계청의 자료에 따르면 이들 베이비붐 세대는 우리나라 전체 인구의 29.3%를 차지한다고 한다. 현재 이들의 연령대는 40대 중반에서 50대 초반이다. 다시 말해 현재 우리나라에는 40~50대의 인구가 가장 많다는 것이다. 그들이 주류이고 대세인 것이다.

그럼 그들의 행동 패턴은 어떠한가? 40~50대는 일생 동안 소득이 가장 많은 시기이다. 따라서 이들의 움직임은 시장에 더욱 커다란 영향을 미친다. 게다가 이들은 현재 양극화와 고령화 문제로 불안해하고 있다. 이러한 불안감을 해소하기 위해 베이비붐 세대들은 막강한 소득을 밑천으로, 주식투자와 부동산투자로 대표되는 자산시장에 몰려들고 있는 것이다.

우선 부동산시장을 보자. 자녀들이 커가면서 40~50대는 좀더 넓은 집을 필요로 한다. 그리하여 일생을 통해 가장 큰 집을 소유하게 된다. 실제로 행정자치부의 '우리나라의 연령대별 부동산 보유 비중' 자료를 보면, 40~50대의 토지 및 건물 보유 비중이 각각 전체의 42.2%와 58%를 차지한다는 것을 알 수 있다.(2004년 12월 31일 소유 면적기준, 〈LG주간경제〉 2005.11.23일자 자료 재인용).

이는 우리나라뿐만 아니라 미국이나 일본의 경우도 마찬가지이다. 다음 그래프를 보면, 40~50대의 주거용 자산 보유 비중이 다른 연령대에 비해 상대적으로 높다는 것을 알 수 있다.(〈그림 3〉~〈그림 5〉 참조). 그렇다면 인구의 상당 부분을 차지하는 베이비붐 세대가 그 연령대가 되었을 때의 수요는 실로 엄청나다고 할 수 있을 것이다.

증권시장도 비슷할 것으로 예상된다. 일반적으로 40~50대에 가장 큰 금액의 자산을 운용한다. 앞으로의 노후가 코앞으로 다가와 있음을 알기 때문이다. 따라서 다른 연령대에 비해 상대적으로 높은 소득을 올리는 그들은 그것을 흥청망청 쓰기보다는 연금에 가입을 한다든지, 펀드투자나 직접적인 주식투자를 하는 식으로 일생 동안 가장 활발하게 자금 운용을 한다. 당연히 이런 특성을 가지고 있는 40~50대가 많아지면 많아질수록 증권시장은 활황을 맞게 된다.

미국의 경우를 살펴보자. 1945년 제2차 세계대전이 끝난 이후

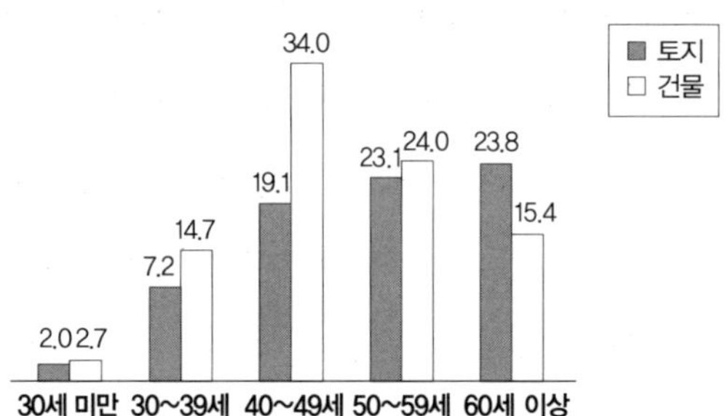

주:2004년 12월 31일 소유 면적 기준
출처 : 행정자치부

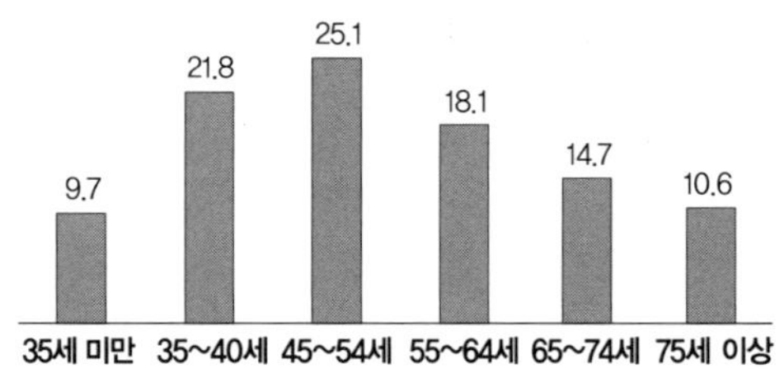

주:가계가 주거용 자산을 100% 보유하고 있다고 가정.
출처 : 2004 Survey of Consumer Finances

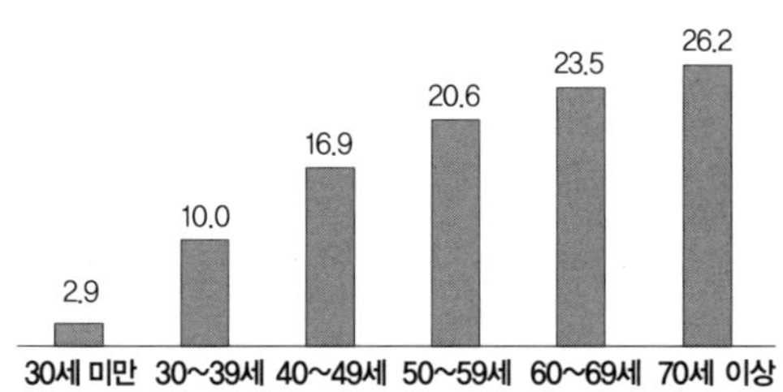

주 : 1999년 현재 보유 금액 기준
출처 : 일본통계청, 1999 가계 소득 및 지출 총조사

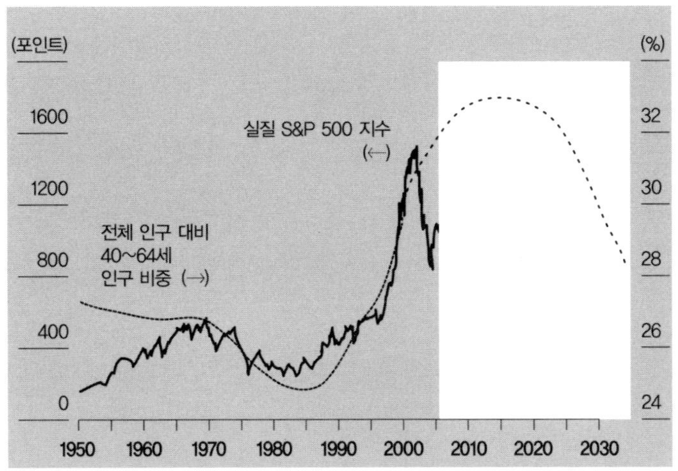

출처 : Poterba, "Population Aging and Financial Markets", p.49 Figure 3 재인용.

태어나기 시작한 베이비붐 세대가 40대 중반으로 접어들기 시작하면서부터 미국의 주식시장은 최고의 호황을 누리기 시작했다. 〈그림 6〉(《LG주간경제》 2005.11.23일자 자료 재인용)을 살펴보면, 1990년대에 들어서면서 전체 인구 대비 40~64세의 인구 비중이 늘어나는 것과 실질 S&P 500지수가 상승하는 것의 추이가 서로 비슷하다는 점을 알 수 있다. 여기서 40~64세의 인구 비중이 늘어났다는 점은 미국의 베이비붐 세대가 40~64세가 되었다는 것을 의미한다.

앞으로 10년이 기회다

뭔가를 만들어야 한다

바야흐로 우리나라에서도 인구의 3분의 1 가량을 차지하는 베이비붐 세대가 자산시장에서 가장 왕성하게 활동할 시기, 다시 말해 그들이 40대 중반에서 50대 중후반이 되는 중요한 시기가 시작되었다. 그 시기란 우리나라의 베이비붐 세대의 막내 격인 1963년생이 50대 중반이 되는 2018년 정도까지라고 할 수 있을 것이다.

이 기간 동안 자산시장으로 몰려드는 수요는 다른 세대의 수요와는 격이 다르다. 엄청난 '쪽수'가 받쳐주는 수요이기 때문이다.

이들은 부동산시장이나 증권시장의 활황을 만들어나가는 데 어느 때보다 크고 중대한 역할을 할 것이다.

이렇듯 베이비붐 세대의 행태가 자산시장에 큰 영향을 미칠 것이라는 시각은 여러 논문이나 경제연구소의 보고서를 통해서도 제시된 바 있다. 물론, 자산시장의 전망을 단순히 한 가지 요인으로만 판단해서는 안 될 것이다. 하지만 베이비붐 세대의 행보가 대세를 가늠하는 중요한 요인임엔 틀림없다는 걸 명심할 필요는 있다.

자, 일본이나 미국의 베이비붐 세대는 이미 늙어가고 있다. 반면에 우리나라는 앞으로 10년이 기회다. 베이비붐 세대가 40대 중반에서 50대 중후반이 되는 시기이기 때문이다. 이때 뭔가를 만들어야 한다. 이번 기회가 어쩌면 적어도 우리나라에서는 마지막 기회일 수도 있다는 생각으로 말이다. 10년간 정신 바짝 차리고 대한민국호(號)에 투자를 하자. 그나마 말도 통하고 가장 잘 아는 시장이니까 말이다.

10년 후에는 어떻게 할 것인가

세상에 영원한 것이 없듯이, 이러한 호황도 기한이 있다. 자산시장의 호황이 베이비붐 세대의 자산축적 기간 동안이라면, 그들이 은퇴할 시점에는 반대로 폭락이 오지 않을까 하는 우려가 제기되는 것도 사실이다. 아무래도 은퇴의 시기가 가까이 오면 그 동안 축적한 자산을 내다팔아 생활을 해야 하기 때문이다. 뿐만 아니라 연기금*도 연금을 지급하기 위해 현금을 마련해야 하므로 매도 세력으로 바뀔 것이다. 베이비붐 세대의 은퇴 후 '자산붕괴 가설'이 바로 그것이다.

특히 이는 미국에서 상당한 관심을 불러일으키고 있다. 미국은 이제 베이비붐 세대의 본격적인 은퇴기를 맞이하고 있기 때문이다. 펜실베이니아대학 와튼스쿨의 교수이며 《주식투자 바이블(Stocks for the Long Run)》의 저자로 유명한 제레미 시겔(Jeremy Siegel)은, 베이비붐 세대의 은퇴가 주식과 다른 자산의 가격을 50% 정도 폭락시킬 수 있을 것이라고 말한다.

하지만 자산붕괴 가설에 대한 반론도 만만치 않다. 우선 은퇴 후 보유자산을 팔아서 생계를 유지해야 하는 중산층 베이비붐 세대의 자산 보유 비중이 상류층에 비해 그리 크지 않다는 것이다. 양극화로 인해 자산시장의 상당 부분이 상류층에 집중되어 있기 때문이다. 따라서 중산층의 매도가 시장의 폭락으로까지 이어지

Note

* 연금(pension)과 기금(fund)을 합친 말이다. 연금을 지급하는 원천이 되는 기금, 곧 연금제도에 의해 모여진 자금을 뜻한다. 연금이란 노후의 소득 보장을 위해 근로 기간에 기여금을 내고 일정한 연령에 도달하면 급여를 받는 제도이고, 기금이란 특정 공공사업 자금을 마련하기 위해 정부가 조성하는 자금을 말한다.

지는 않을 것이라 한다. 만약 자산시장에 매도 세력이 늘어나면 상류층은 매입 세력이 되어서 시장의 균형을 유지해줄 것이라는 견해이다.

스탠포드대학 경제정책연구소의 존 쇼븐(John B. Shoven) 교수는 주식의 대량 매도가 발생하기보다는 기업들이 대부분 배당금 지급액을 올려 은퇴자들이 주식을 계속 보유하게끔 유도할 것이라는 주장을 하기도 한다. 요컨대 자산붕괴 회의론자들은 베이비붐 세대의 은퇴 후 '자산붕괴 가설'에 대해, 다소의 침체는 있을지언정 폭락은 없다는 전망을 내놓고 있는 것이다.

필자 역시 폭락은 없을 것이라는 자산붕괴 회의론자들의 의견에 기본적으로 동조를 한다. 다만 침체의 시기가 찾아온다는 것이 다소 우려스럽다. 미국의 경우 2007년부터 가시화되고 있는 부동산 가격의 하락이 바로 그것이다. 서브프라임 모기지론(subprime mortgage loan) 부실이 사태를 2~3년 앞당겼을 뿐 그 기저에는 베이비붐 세대의 은퇴 시기가 맞물려 있다고 볼 수 있다.

우리나라의 경우도 미국과 마찬가지로 베이비붐 세대가 대부분 은퇴하고 난 후면 자산시장에 본격적인 침체기가 찾아올 가능성이 높다. 어쩌면 10년 후 자산시장은 축제 후의 파장 분위기가 연출될지도 모른다.

기회는 언제나 있다

그럼 10년 후엔 어떻게 할 것인가? 이때도 기회는 있다. 그때부터는 밖으로 눈을 돌려야 할 것이다. 앞으로 자본은 국적을 가리지 않을 것이다. 국내에서만 아등바등할 필요가 뭐 있겠는가? 이제는 세계 어디라도 투자의 대상이 될 수가 있는 시대다. 예를 들어 베트남 같은 나라 말이다.

물론 최근 들어 베트남 경제가 살인적인 물가 상승으로 인해 위태롭다는 소식이 심심찮게 들리고 있다. 하지만 장기적인 관점에서 볼 때는 시장경제 체제로 진입하는 성장통으로 볼 수 있다.

우리나라 경제만 해도 그랬다. 우리도 역시 70년대 오일쇼크 당시 2년 연속 20% 이상의 물가 상승을 기록한 경험이 있지 않은가. 따라서 현재의 위기 상황만 보고 향후 베트남의 발전 가능성을 평가절하해서는 안 될 것이다.

현재 베트남은 20, 30대가 인구의 60%를 차지하고 있다. 70년대 베트남전쟁이 끝나고 등장한 베이비붐 세대가 바로 그들이다. 앞서 언급한 베이비붐 세대의 이야기가 베트남에서도 그대로 적용된다면, 베트남은 아마도 2020년 즈음에 자산시장의 절정기를 맞이할 것이다.

이렇게 잘 찾아보면 충분한 시간과 기회가 지구 한편에서 여전히 숨쉬고 있다는 것, 그리고 인구통계가 단순한 숫자가 아니라 미래를 예측하는 데 매우 중요한 열쇠라는 것을 반드시 명심할 필요가 있다.

자산을 만드는 생각의 기술

부자를 만드는 마인드의 핵심은 무엇일까? 그들만의 특별한 비법은 따로 있는 것일까? '자산 축적'을 위해서는 크게 세 가지 마인드를 가져야 한다. 첫 번째는 '동물적 감각으로 승부하라', 두 번째는 '돈 버는 데 관심과 취미를 가져라'이며, 마지막으로 세 번째는 '성급하지 않지만 과감하게 임하라'이다.

2부에서는 10년 이상 금융 쪽에 몸담아온 필자가 그 동안 가까이서 만난 사람들, 그러니까 성공적으로 자산을 축적한 사람들을 분석 정리하여 자산을 축적하는 방법을 꼼꼼히 조언할 것이다. 단순히 '대박 나는' 재테크 상품을 찍어주며 표피적으로 접근하는 식이 아니라, 어떻게 하면 자산을 축적할 수 있는지 큰 그림을 그릴 수 있게 하는 일종의 '마인드 셋'이라 할 수 있다.

지금 아니면 따라잡을 수 없다

스스로 돈을 만들어내는 자산이 있다면…

우리가 맞닥뜨릴 두 가지 현실인 양극화, 고령화……. 이 거대한 두 개의 파도를 헤쳐 나가는 방법에 대해서는 앞에서 잠깐 언급한 바 있다. 바로 '자산을 만들라'는 것이었다.

자산 만들기에 대해 본격적으로 논하기에 앞서 먼저 자산의 개념부터 정리해보자. 자산이란 무엇인가? 자산의 핵심은 자가발전 시스템에 있다. 다시 말해 이것은 스스로 '전기'를 만들어내는 장치인 것이다.

필자가 어린 시절만 해도 전력 사정이 별로 좋지 않았다. 그래서 밤이 되면 정전이 되는 일도 종종 있었다. 한창 재미난 TV 프로그램을 보고 있을 때 아무런 예고도 없이 정전이 되어버리면 정말 낭패가 아닐 수 없었다. 그런데 만약에 각 가정마다 자가발전 시스템을 갖추고 있었다면 어땠을까? 스스로 전기를 만들어낼 수 있었다면 예고 없이 일어나는 정전에도 재미난 TV 프로그램을 놓칠 리가 없었을 것이다.

자산*도 마찬가지다. 이제 한 사람의 성인으로서 가정경제를 책임져야 하는 우리에게 어느 날 예고 없이 '정전'(停錢)이 된다고 하자. 잘 다니던 직장에서 해고 통지를 받고 매달 때가 되면 들어올 줄 알았던 급여가 끊기는 것이다. 아찔하지 않은가?

하지만 스스로 돈을 만들어내는 자가 '발전'(發錢) 시스템인 자

Note

* 이 책에서는 자산과 자본을 같은 개념으로 혼재하여 사용하고 있다. 회계학적으로 볼 때 자산이란 자본과 부채의 합을 말한다. 달리 말해 자산에서 부채를 빼고 나면 남는 것이 자본이다. 그러므로 엄격한 의미에서 자산과 자본은 같은 개념이라 할 수 없다. 자산에는 부채, 다시 말해 빚이 포함되어 있으니까 말이다.

회계학에서는 자본을 순자산이라고 달리 부르기도 한다. 자산은 자산이되, 부채를 뺀 순수한 자산이란 뜻이다. 그러다 보니 자산이 10억이 있다고 해도 9억9천만 원의 부채가 있다면 순자산(=자본)은 겨우 1천만 원에 지나지 않는다고 할 수 있다. 하지만 우리가 사는 세상에서 통상적인 관념으로 '자산이 있다'고 하면 엄청난 부채를 떠안은 허울 좋은 자산을 의미하지는 않는다.

이 책도 마찬가지다. 자산이라고 하면 부채가 어느 정도 있더라도 스스로 감당할 수 있는 수준일 거라는 일반적인 시각을 그대로 차용하였다. 따라서 이 책에서 '자산'이라고 하면 '순자산'에 가까운 개념으로 사용하고 있다고 생각하면 된다. 그러다 보니 '자산≒순자산=자본'이라는 관계로 설정하고, 자산과 자본을 편의에 따라 혼재하여 사용하기도 했다. 이 점 착오 없기를 바란다.

산만 있다면, 갑작스러운 정전 사태도 별로 두렵지 않을 것이다. 자산은 우리를 뿌리 깊은 나무로 만들어준다. 아무리 양극화와 고령화의 세찬 바람이 불어도 흔들리지 않는 뿌리 깊은 나무 말이다. 이렇게 소중한 자산은 다음과 같은 몇 가지 특징이 있다.

> **tip 자산의 특징**
>
> - 소유자(본인)의 지속적인 노동력이 투입되지 않아야 한다.
> - 자산 스스로의 동력으로 굴러가야 한다.
> - 반드시 '캐시 플로-인'(Cash Flow-in : 현금으로 수익이 만들어져 자신의 주머니로 꾸준히 들어오는 것을 의미한다)을 만들어야 한다.
> - 소유자(본인)의 의지에 따라 매매, 상속, 증여가 가능해야 한다.

자산은 유형의 물건일 수도 있고, 무형의 권리일 수도 있다. 그러나 그것을 소유한 사람의 지속적인 노동력이 들어가지 않아야 자산이라 할 수 있다. 예를 들어 외국계 증권사의 펀드매니저나 회계사, 변호사 등 소위 고액 연봉을 받는 사람들은 많은 돈을 벌고는 있지만, 자산을 소유하고 있다고 볼 수는 없다. 이들은 계속해서 자신의 노동력을 팔아야 그만큼의 돈을 벌 수 있기 때문이다.

미국의 월 스트리트에는 엄청난 연봉을 받는 펀드매니저들이 많다. 그런데 그들이 자주 쓰는 표현 중에는 '김빠진 콜라와 식어

빠진 햄버거'라는 게 있다. 너무 바빠 그럴듯한 점심을 먹을 시간 적 여유가 없어 항상 햄버거와 콜라를 주문해 먹는데, 그것조차 제때 먹을 수 없을 정도로 바쁘다는 의미라 한다. 이렇게 평생 자신의 노동력과 시간을 팔아서 돈을 버는 것은 자산을 가졌다고 할 수 없다. 몸이 병들거나 노쇠해지면 그 동안 받던 고액 연봉을 받을 수 없기 때문이다.

자산이란 스스로 굴러가면서 돈을 만들어내야 한다. 그리고 반드시 소유자의 의지에 따라 매매가 가능하고 상속, 증여를 할 수 있어야 한다. 그래야 비로소 완벽한 자산이 된다. 우리는 사유재산이 인정되는 자본주의 경제체제에 살고 있다. 당신이 축적해놓은 자산이 당신의 자식에게 상속되고, 그것을 통해 자식들도 부를 향유하는 것이 얼마든지 가능한 시대에 살고 있는 것이다.

따라서 이토록 중요한 자산을 지금 만들어놓아야 한다. 더 늦기 전에 말이다.

뿌리 깊은 나무로 살아남는 법

몇 해 전 장안을 떠들썩하게 했던 한 권의 책을 기억할 것이다. 《부자 아빠 가난한 아빠(Rich Dad Poor Dad)》라는 책 말이다. 일본계 미국인인 저자 로버트 기요사키(Robert T. Kiyosaki)는 자라면서 친구의 아버지에게 큰 가르침을 받는다. 그것은 바로 '어떻게 하면 부자가 될 수 있는가'에 대한 것이다. 그 가르침은 의외로 간단하다. 다름 아닌 '자신을 위해 저절로 돈을 벌어다 주는 자산을 가져라'는 것이다.

그의 주장의 핵심은 남 밑에서는 아무리 열심히 일을 해도 풍족한 정도의 돈을 만들 수 없다는 것이다. 직원은 안 잘릴 정도로만 일하고, 사장은 안 굶어 죽을 정도의 급여만 준다는 우스갯소리도 있지 않은가?

요컨대 부자 아빠의 가르침은 하루빨리 스스로 작동하며 돈을 벌어다 주는 자산을 만들어야 한다는 것이다. 골프나 치면서 삶의 여유를 즐기는 동안 알아서 척척 돈을 벌어다 주는 그런 자산 말이다. 여기서 말하는 자산은 매일 물건을 만들어내는 공장일 수도 있고, 매달 임대수입을 안겨다 주는 건물일 수도 있다. 저자의 경우엔 친구 아버지의 가르침에 따라 부동산에 투자하여 큰돈을 벌었다는 이야기도 들려준다.

하지만 우리 같은 평범한 사람들이 이 책에서 말하는 그러한 자산을 소유한다는 것은 그리 쉬운 일만은 아니다. 특히 종자돈을 어느 정도 만들고 이를 운용해서 상당한 수준의 돈을 벌기 전까지는 로버트 기요사키가 말하는 부동산이나 공장 같은 자산을 소유한다는 건 불가능하다고 할 수 있다. 그럼 그 전까지 가질 만한 자산이란 어떤 게 있을까? 그것도 자신을 위해 스스로 굴러가면서 돈을 벌어다 주는 그런 자산 말이다.

가령 요즘 들어 관심이 높아지고 있는 '펀드'(Fund)는 직장인들을 위한 자산의 좋은 예라 할 수 있다. 당신은 어느 정도 묵직한 종자돈을 펀드에 넣어두기만 하면 된다. 그러면 대한민국 최고의 금융 전문가인 펀드매니저들이 알아서 주식이나 채권에 열심히 투자를 하고, 그 수익을 당신에게 안겨다 준다. 이 얼마나 신나는 일인가!

당신이 직접 주식투자를 한다고 생각해보자. 회사 일은 바쁜데 주가 변동에 신경 쓰랴, 상사 눈치 봐가며 매매주문 내랴, 애로사항이 한두 가지가 아니다. 하지만 펀드에 맡겨두면 그런 걱정을 할 필요 없으니 금상첨화가 아닌가.

물론, 여기서 한 가지 명심할 것이 있다. 공장도 잘못 운영하면 적자가 나고 건물도 질 나쁜 세입자를 만나면 월세를 못 받을 수 있듯이, 펀드에 돈을 맡기는 것에도 위험이 따른다는 것이다. 맡긴 돈을 잘못 운용하여 손실이 발생할 경우, 그 책임을 펀드매니저가 아니라 투자자 자신이 져야 하기 때문이다. 따라서 처음부터 펀드에 가입할 때 어떤 펀드에 가입할지를 엄선하여 결정할 필요가 있다.

어쨌든 이미 진행되고 있는 양극화와 고령화의 거친 파고에도 끄떡하지 않는 '뿌리 깊은 나무'가 되고 싶다면 부동산이 되었건 공장이 되었건, 펀드가 되었건 스스로 움직여서 돈을 벌어다 주는 자가발전(發錢) 시스템을 가지고 있어야 한다. 그것도 하루빨리, 그리고 될 수 있는 한 많이 가져야 한다.

"뿌리 깊은 나무는 바람에 아니뮐세 꽃 좋고 여름 하나니."

[부자 되는 마인드]

이제 한 우물을 팔 때다

위기를 헤쳐 나가는 세 가지 방법

위기 속에 발전이 있다고 했다. 21세기 초반을 살아가는 이땅의 30~40대는 지금 위기에 직면해 있는 게 분명하다. 이는 누구도 부인할 수 없다. 하지만 위기는 우리에게 새로운 기회와 발전의 모티브를 제공해준다. 문제는 누가 그 모티브를 잡아서 현실화시키느냐에 달려 있다.

물론 모든 사람이 그것을 할 수는 없을 것이다. 그럼에도 남다른 혜안과 끈기를 가진 몇몇 사람은 분명 양극화와 고령화의 거센 파고를 당당히 헤쳐 나갈 수 있을 것이다. 바로 그 주인공이 당신이기를 바란다.

그럼 어떻게 위기를 기회로 만들고, 나아가 발전의 모티브로 삼을 것인가? 양극화와 고령화의 파고를 어떻게 넘을 것인가? 자산을 만들기 위해서는 어떻게 해야 할 것인가?

자산을 만들기 위해서는 "한 우물을 파야 한다"고 말하고 싶다. 자산을 만드는 데는 세 가지 방향이 있다. 여기서 세 가지 방향이란 직장 내에서의 승부, 창업, 그리고 재테크를 말한다.

이제 30~40대라면 이미 인생이라는 드라마가 반 정도 진행되었다고 볼 수 있다. 그 정도 내용을 봤으면 앞으로 어떠한 내용이 전개될 것인지 대략 알 수 있을 것이다. 이를 바탕으로 세 가지 방향 중 자신이 어느 방향에 속하는지 결정을 하고, 그 방향으로 용맹 정진해야 한다. 명심할 것은 한 우물을 파야 죽이 되든 밥이 되든 뭔가를 이룰 수 있다는 것이다.

직장 내에서 승부를 걸고 싶다면…

정도의 차이는 있겠지만 대부분의 30·40대는 직장 생활을 대략 10~15년 정도 했을 것이다. 그렇다면 이제 대충은 알고 있을 것이다. 자신이 직장 내에서 계속 승부를 걸어서 성공할 수 있는지, 그럴 수 없는지를 말이다. 10년이 훨씬 지났는데도 잘 모르겠다는 사람이 있을 수도 있다. 그렇다면 이번 기회에 스스로에게 자문을 해보라.

그 동안 회사에서 부여한 전문가 양성을 위한 해외연수 기회를 매번 다른 동료에게 빼앗기지는 않았는가? 회사의 중추적인 부서에서 업무 경험을 쌓을 기회를 얼마만큼 누렸는가? 회사의 실세인 임원의 총애를 받고 있는가? 몇 가지만 곰곰이 생각해보면 당신이 직장 내에서 승부를 걸어야 할지 말지를 금방 알 수 있을 것이다.

아울러 직장에서 승부를 걸기 위해서는 갖추어야 할 정말 중요한 능력이 하나 있다. 그것은 바로 조직 내에서의 정치적 능력이다. 만약 당신이 이 능력을 가지고 있다면, 기필코 조직 내에서 승부를 걸기를 바란다. 당신의 미래가 보장될 테니 말이다.

미국의 어느 경영대학 교수는 재미있는 연구를 했다. 그는 조직의 구성원들을 크게 두 부류로 나누었다. 맡은 업무를 충실하게 하는 '업무형 인간'과 업무 외의 사교적인 일에 더 신경을 쓰는 '정치적 인간', 이렇게 말이다. 그리고 향후 그들 중 어느 부류의 사람들이 더 많이 임원으로 승진하는지 조사했다.

조사 결과는 놀랍게도 '정치적 인간' 의 부류에 속하는 사람들이 더 많이 승진한 것으로 나타났다. 이 연구는 여러 조직에서 오랜 기간에 걸쳐 행해졌지만, 결과는 거의 비슷했다. 우리보다 업무 성과나 실적을 더 중시할 것 같은 미국에서조차도 조직 내에서 사교적이고 정치적인 역량을 발휘하는 사람들이 더 출세를 한 것이다.

사람은 대체로 비슷하다. 아랫사람이 믿음직스럽고 충직하게 보이는 것은 자신의 말을 잘 경청해주고, 자신의 지시를 잘 따라주었을 때이다. 매사에 상사의 말에 토를 달고 사사건건 불평을 늘어놓는 부하직원이라면, 아무리 옳은 말을 하더라도 상사에겐 눈엣가시가 될 가능성이 높다. 그리고 그런 부하직원은 직장 내에서 장수하기가 매우 어렵다. 시의 적절한 아부(?)를 능수능란하게 구사할 줄 알아야 조직 내에서 인정도 받고, 승진도 할 수 있는 것이다.

누군가는 이런 말도 했다. "가족의 생계를 위해 직장에서 아부하는 것은 용기 있고 아름다운 행동이다." 만약 당신이 '난 성격상 죽어도 윗사람에게 사탕발림은 못한다'는 쪽이라면, 더 이상 직장 내에서 아등바등 승부를 걸려고 하지 말라. 괜히 심신만 고달파진다.

앞서 말한 사항들을 따져보고 당신이 직장 내에서 승부를 걸면 비전이 보이겠다 싶으면, 직장 내에서 한 우물을 파라. 스스로 자기 개발도 하고 의욕이 넘치는 자세를 보이며, 업무에 빈틈없이 만전을 기해야 한다. 그리고 상사에게 간이라도 빼줄 정도의 충성심을 보여라. 그럼 부장이 되고 임원이 되는 것은 십중팔구 떼어놓은 당상이다.

또 한 가지. 남들이 부업이나 재테크를 한다고 해서, 덩달아 그런 일을 한답시고 자신의 시간과 정열을 낭비해서는 안 될 것이다. 당신이 만약 조직에서 인정을 받고 있으며, 조직에서 승부를 걸 사람이라면 말이다.

재테크는 습관이다

직장에서 승부수를 던지기엔 어딘가 부족하고, 마땅히 창업을 할 아이템이나 능력이 아직 없다고 생각한다면, 부동산이나 주식, 펀드 등 재테크에 집중을 하자. 물론 직장생활을 등한시하면서까지 재테크에 매달릴 수는 없다. 그러다 직장에서 잘리면 재테크조차도 제대로 할 수가 없을 테니 말이다.

자고로 안정적으로 급여가 들어와야 계획을 짜서 재테크에 임할 수 있는 법이다. 따라서 재테크로 승부하기 위해서는 평균 수준의 직장생활을 해나가면서, 퇴근 후나 주말에 재테크에 대해 공부하고 분석하고 실행하는 게 바람직하다.

노력과 수고 없이 공짜로 얻을 수 있는 것은 이 세상에 아무것도 없다. 재테크의 세계에서도 꾸준히 각별한 관심을 가져야만 좋은 투자처가 눈에 들어온다는 것은 두말하면 잔소리다. 그러므로 평소에도 부단히 금융이나 경제, 부동산의 동향을 파악하는 습관을 들이는 것이 중요하다(이에 대해서는 뒷페이지에서 좀더 구체적으로 다룰 것이다).

반면 창업을 하겠다는 사람이 재테크에 더 관심을 가지는 것은 문제가 있다. 모름지기 창업을 하면 그 일이 성공하기까지 모든 에너지를 쏟아 부어야 한다. 그런 상황에서 주식 시세판에 자꾸 눈길이 간다면, 두 마리 토끼를 다 놓칠 수 있기 때문이다.

모험 없이는 미래도 없다

창업의 기회는 준비된 자에게만 온다

나름대로 능력이 있는데 조직 내에서 핵심 인재로 인정을 못 받는 사람이 있다. 업무 능력도 있고 똑똑하고 상황 판단도 빠른데, 상사에게 너무 입바른 소리를 많이 해서 소위 '찍힌' 사람 말이다. 이런 부류의 사람이라면 괜히 조직에 미련을 두지 말자. 그러다가 짝사랑하는 조직으로부터 배신당하기 십상이다.

그럴 때는 과감히 다른 방향으로 눈길을 돌려야 한다. 우선 창업이 있다. 지금부터라도 창업할 수 있는 아이템을 준비하자. 창업을 해서 성공할 수 있는 아이템은 자신이 관심 있는 것 중에서 남들이 좋아할 만한 것을 선택해야 한다. 그리고 창업을 하기 전에 사전 준비를 확실하게 해두어야 한다. 그러다 기회가 오면 과감하게 그것을 잡는 것이다. 기회는 준비하는 자에게만 온다는 것은 만고불변의 진리다. 그러므로 평소에 많은 정보와 조언을 수집해둬야 할 것이다.

그런데 창업을 준비할 때 일반적으로 사람들이 빠지곤 하는 오류가 있다. 당신 역시 이러한 오류에 빠져 있는 것은 아닌지 항상 점검해가며 창업 준비를 해야 할 것이다.

쥐고 있던 나무 넝쿨을 놓지 마라―타잔의 법칙 오류

창업을 준비하는 사람이라면 우선 '타잔의 법칙'의 오류에 빠지지 않도록 조심해야 한다. 잘 알고 있다시피, 타잔은 정글에서 나무 넝쿨을 타고 다닌다. 그 솜씨가 일품이라 마치 날아가는 것 같다. 그런데 타잔이 나무 넝쿨을 타고 하늘을 날듯이 어디든 가기 위해서는 지켜야 할 법칙이 있다. 아주 단순한 법칙이다. '반대편 나무 넝쿨을 잡기 전에는 쥐고 있던 나무 넝쿨을 놓지 말라'는 것이다.

이 단순한 법칙을 지키지 않으면 타잔은 수십 미터의 나무 아래로 떨어져버린다. 하지만 타잔도 가끔 착각을 할 때가 있다. 나무 넝쿨 타는 게 너무 능수능란해 자신이 날아다닌다고 착각하는 것이다. 그렇게 무리를 하다가 이쪽 나무 넝쿨을 먼저 놓아버리는 실수를 저지르고 만다.

창업을 준비할 때도 마찬가지다. 직장 내에서의 자신의 실적이나 능력만 믿고 덜컥 사표부터 내고 그제야 창업을 준비하다가는 커다란 낭패를 당할 수도 있다는 걸 명심하자. 왜냐하면 직장에서의 실적은 100% 자신의 능력으로 인한 것이 아니라, 직장의 시스템이나 브랜드에 의한 것일 가능성도 높기 때문이다. 타잔의 법칙 오류에 빠지지 않기 위해서는 이러한 상관관계를 냉철하게 따져보고 준비를 하는 것이 필요하다.

과감하게 실행하라—포커패의 오류

창업에 필요한 사전 준비는 철저히 해야 한다. 하지만 너무 완벽하게 준비하려다가 기회를 놓칠 수 있다. '포커패의 오류'에 빠지는 것이다.

포커 게임의 룰을 보자. 일단 네 장의 카드를 받는다. 그리고 게임을 계속하겠다는 의사를 표시하면 세 장의 카드를 더 받게 된다. 네 장의 카드로도 포커가 나올 수 있지만, 대부분은 그렇지 못하다. 그래서 우선 네 장의 카드를 받은 후 '원페어'가 나왔거나,

아니면 '플러시'나 '스트레이트'의 가능성이 있을 경우 게임에 임하게 된다.

그리고 그 다음은 게임을 운영해가면서 승부를 걸어야 한다. 하지만 미리 받은 네 장의 카드가 완벽한 포커가 아니라고 해서 매번 게임을 포기한다면 큰돈을 잃을 위험은 없지만, 아무런 성과도 낼 수 없다.

창업을 준비할 때도 마찬가지다. 어느 정도 가능성이 있다면 과감하게 실행을 해야 한다. 만약 포커패의 오류에 빠져서 100% 완벽한 창업 준비를 계획하며 차일피일 미루다 보면, 당신의 소중한 기회가 바람과 함께 사라져버릴 수도 있다.

객관적인 태도가 실패를 막는다─인형 실험의 오류

딜런 에번스가 쓴 《진화심리학》(이충호 옮김, 김영사)에는 '샐리─앤 테스트'라는 것이 나온다. 4살반 미만의 아이에게 다음과 같은 실험을 하는 것이다.

실험자는 샐리와 앤이라는 두 인형이 등장하는 인형극을 보여준다. 샐리는 사탕을 베개 밑에 넣어두고 밖으로 나간다. 샐리가 방을 나가고 없는 동안 앤은 베개 밑의 사탕을 꺼내 자기 호주머니에 넣는다. 그리고 샐리가 다시 돌아왔을 때, 실험자는 아이에

게 이렇게 묻는다. "자, 샐리는 사탕이 어디 있다고 생각할까?" 4
살반 미만의 아이들은 대부분 이렇게 대답한다. "앤의 호주머니
에요."

　물론 사탕은 앤의 호주머니에 있는 게 맞다. 하지만 그것을 보
지 못한 샐리는 여전히 베개 밑에 사탕이 있다고 믿고 있을 텐데,
그 사실을 4살반 미만의 아이들은 알지 못하는 것이다. 자기가 본
것이나 믿고 있는 것을 다른 사람은 다르게 보거나 믿을 수 있다
는 사실을 아직은 인지할 능력이 없기 때문이다. 다시 말하자면,
그 연령대의 아이들은 다른 사람도 모두 자신이 보거나 믿는 것과
똑같은 것을 보거나 믿고 있다고 생각한다. 자기 생각만 하는 것
이다.

　그러나 4살반 이상의 아이들에게 '샐리-앤 테스트'를 하게 되
면, 사뭇 다른 반응을 보인다. "샐리는 사탕이 어디 있다고 생각
할까?"라는 질문에 "베개 밑에 있다"라는 대답을 하는 것이다.
이렇게 아이들은 성장해가면서 다른 사람들이 자기와는 다른 생
각이나 믿음을 가질 수 있다는 것을 비로소 이해하게 된다. 또한
그러한 생각이나 믿음 중에서 어느 한쪽이 틀릴 수도 있음을 알
게 된다.

　하지만 나이를 먹는다고 해서 이러한 능력이 100% 완벽하게
발달되는 것은 아닌 것 같다. 이미 어른이 된 사람들에게서도 '인
형 실험의 오류'는 종종 나타나기 때문이다. 어떤 사람은 자신이

믿고 있는 신념이나 자신이 본 것에 대해 세상의 모든 사람들도 그렇게 믿거나 보고 있을 것이라고 착각을 하곤 한다.

창업을 준비할 때는 특히 이러한 오류에 빠져서는 안 된다. 자신의 생각에는 분명히 될 것이라고 생각하는 아이템에 대해 주변의 정보나 조언을 구할 때 흔히 이런 오류에 빠지기 쉽다.

이런 오류에 빠지면 부정적인 의견은 제대로 귀에 들어오지 않는 반면, 긍정적인 의견은 두 배 세 배 과장을 해서 받아들이게 된다. 자신이 선택한 아이템은 반드시 다른 사람들에게도 먹힐 것이라는 착각에 빠져서 말이다.

그러다가 막상 창업을 하고 나서야 문제를 발견하게 되는 경우가 종종 있다. 낭패가 아닐 수 없다. 그러므로 창업에 대한 정보를 모으고 조언을 들을 때는 항상 마음을 비우고 중간자적 입장에서 받아들이는 것이 필요하다 하겠다.

지금까지 양극화와 고령화의 거센 파고에서 자산을 만들며 우뚝 서기 위해 선택할 수 있는 세 가지 방향에 대해 이야기해 보았다.

'나는 이 세 가지 방향 중 어느 쪽에도 자신이 없어'라고 생각한다면 다시 한 번 스스로를 다그치기 바란다. 어차피 전쟁터에 떨어졌다. 살아남기 위한 생존이 그리 녹록할 리 없다. 이제 우리가 할 일은 세 가지 방향 중 하루빨리 하나를 선택하여 한 우물을 파는 것뿐이다.

자산 축적을 위해 우리가 파야 할 '우물'의 종류

● 직장이라는 우물

● 창업이라는 우물

● 재테크라는 우물

이 세 가지 중 하나를 골라서 용맹정진하자!

부자들이 자산을 만드는 방법

멧돼지 사냥을 시작하라

약간 뜬금없지만 인간이 수렵·채집 생활을 했던 시절로 돌아가 보자. 그 당시에도 먹고사는 이야기가 가장 중요했으리라. 우선 어떠한 위험도 감수하기 싫다면 그냥 주변의 나무 열매나 풀뿌리 등을 채집해서 먹으면 되었다. 하지만 인간에게는 언제나 욕심이란 게 있어서, 자연스레 풀뿌리보다 맛있고 양질의 단백질을 공급해주는 먹잇감을 찾게 마련이다.

그럼 별수 없이 돌도끼나 죽창이라도 만들어 산으로 올라가야 한다. 멧돼지라도 한 마리 잡아서 먹어야 하니까 말이다. 그런데

산으로 올라간다고 해서 언제나 멧돼지를 잡을 수 있는 것은 아니
다. 허탕을 칠 수도 있고 자칫 잘못하면 멧돼지에게 받혀 목숨을
잃거나 불구가 될 수도 있다. 다시 말해 단백질을 공급받기 위해
서는 목숨을 걸어야 한다는 것이다. 지금으로 따지면 투자 리스크
와 같은 개념이다.

일반적으로 우리는 안전하면서 큰 수익을 내주는 화수분 같은
투자처를 원한다. "가만히 넣어두면 20~30% 정도 수익도 생기
고 원금도 보장되는 금융상품은 없나요?" 이런 말도 안 되는 허
황된(?) 꿈을 갖기도 한다. 아무런 리스크 없이 부자가 되기만을
기대하는 것이다. 마치 위험을 무릅쓰고 멧돼지를 잡으러 산으로
올라가는 일은 하지도 않았으면서, 편안하게 고기를 먹으려 하는
심보와 같다.

세상을 돌아다니다 보면 목숨을 걸지 않고도 고기를 먹을 수
있는 사람들을 가끔 볼 수 있다. 우리를 만들어놓고 집돼지를 키
우는 사람들이 바로 그들이다. 그래서 항상 불만이다. "쟤네들은
저렇게 편안히 집에 앉아서 고기를 먹는데, 왜 나는 풀뿌리나 캐
어 먹어야 하나!"라고 넋두리를 늘어놓으며 말이다.

하지만 그들도 처음부터 집돼지를 키운 게 아니다. 처음엔 목
숨을 걸고 멧돼지를 잡아다 갖은 고생 끝에 가축으로 만든 것이
다. 그들의 힘겨운 노력은 무시한 채, 그들과 자신의 처지가 불평
등하다며 불평만 늘어놓는 것도 이치에 맞지 않는다.

물론 자기가 직접 노력을 하지 않았음에도 편안히 고기를 먹는 부류도 있을 것이다. 아버지가 수고를 해서 멧돼지를 잡아 가축을 만들어놓은 경우가 그렇다. 그들은 아무것도 하지 않고 그들의 아버지가 물려준 집돼지를 맛있게 잡아먹기만 하는 것이다.

하지만 이 역시 누구를 탓할 수는 없다. 당신이라도 그랬을 것이기 때문이다. 당신 역시 자식을 끔찍이 사랑하듯, 그들의 아버지도 그렇게 자식을 끔찍이 사랑해서 목숨을 걸고 멧돼지를 잡았을 뿐이다. 그런 사람들을 미워하기보다 오히려 집돼지를 만들어 자식들에게 물려주지 못하는 스스로를 돌아봐야 하지 않을까?

세상에는 세 가지 유형의 사람이 있다. 위험을 전혀 감수하지 않고 그냥 풀뿌리나 나무 열매로 연명하는 사람과 위험을 무릅쓰고 창을 들고 멧돼지를 잡으러 가는 사람, 그리고 자신이 되었든 그 부모가 되었든 목숨을 걸고 잡은 멧돼지를 집돼지로 만들어 편안하게 고기를 먹는 사람 말이다. 당신은 지금 어느 쪽인가?

앞으로 멧돼지 잡기는 점점 더 어려워질 것이다. 세상이 그렇게 변하고 있다. 양극화와 고령화라는 기후 변화 요인으로 세상이 빙하기로 접어들고 있기 때문이다. 당신은 여전히 불평만 늘어놓고 있는가? 정부가 정책을 잘못해서 이렇게 되었다느니, 부자들이 욕심이 많아서 세상이 이렇게 변했다느니 하면서 말이다.

이제 그러지 말자. 빙하기에는 투덜거린다고 아무도 당신을 위해 멧돼지를 잡아주지 않는다. 빙하기에 살아남는 방법은 불평을 늘어놓는 일이 아니라, 식량을 마련하고 월동 준비를 하는 것이다. 바로 자산을 만드는 일 말이다.

물론 쉬운 일은 아니다. 하지만 선택의 여지가 없다. 지금이라도 창을 들고 돌도끼를 매고 산으로 올라가야 한다. 목숨을 걸고라도 말이다. 정부의 경제정책이 어떠니, 부자들의 이기심이 어떠니 하면서 당신이 불평을 늘어놓는 사이에 당신의 자식들은 두 배 세 배 더 많은 불평들을 당신을 향해 쏟아낼지도 모른다. "아빠 힘 좀 내세요. 우리가 있잖아요!!!" 라고 말이다.

자산을 만드는 세 가지 마인드

이제 이 정도 책을 읽은 당신에게서 "그래, 자산을 축적하란 말은 알겠다. 그런데 어떻게 축적하라는 거야?"라는 볼멘소리가 나올 때가 된 것 같다. 구체적인 방법론에 대한 이야기가 빠졌기 때문이다. "꽃피는 춘삼월이 오면 동쪽에서 귀인이 나타나 비법을 알려줄 테니 그것을 새겨듣고 한 치의 의심도 없이 행하면 대박이 터질 것이다." 어쩌면 이런 말이라도 듣기를 원할지도 모른다.

하지만 정상적인 사고방식을 가지고 있는 사람이라면 아무도 이 말을 믿지는 않을 것이다. 필자가 한 말이 설령 사실이라고 해도, 이런 토정비결식의 허무맹랑한 조언을 마음 깊이 새겨서 정말

꽃피는 춘삼월에 동쪽의 귀인을 목 빠져라 기다리는 사람은 아마
도 없을 것이다.

자! 그렇다면 전광석화와 같은 투자정보와 토정비결식의 대박
비법의 중간 정도 되는 조언이라면 어떨까? "노후를 대비해서 반
드시 연금상품에 가입하고, 저금리 시대인 만큼 은행의 적금보다
는 적립식 펀드에 2~3년간 꾸준히 자금을 불입하면 돈을 벌 수
있을 것이다."

그런데 이러한 조언도 별로 신통하지가 않다. 누구나 다 할 수 있
는 이야기이며, 요즘 웬만한 사람이라면 다 아는 이야기이기 때문
이다. 포털사이트의 금융·재테크 코너에 가면 넘쳐나는 게 이러한
정보들이다. 이렇게 흔해빠진 방식으로는 들어오는 돈을 관리해나
갈 수는 있을지언정 대박이 터질 것 같지 않아 성에 차지 않는다.

이쯤에서 여러분들은 필자의 의도를 눈치 챘을 것이다. 남들은
모르지만 구체적이고 획기적인 자산 축적 방법이 바로 "이거다"라
고 한마디로 찍어줄 수가 없다는 것이다. 안타깝게도 필자는 그럴
만한 능력이 안 된다. 사실 세상에는 수많은 변수가 존재하고, 그
러한 변수들의 상호작용으로 인해 한 치 앞도 예측하기 힘든 것 아
닌가?

그런데 이쯤에서 필자는 약간은 주제 넘는 이야기를 해볼까 한
다. '자산 만들기'라는 화두에서 막혀버린 우리 세대에게 필자가
감히 그 방법론을 조심스레 제시해볼까 한다. 물론, 구체적으로

콕콕 찍어주는 그런 방법론은 아니다. 일종의 마인드 셋(mind-set)이라고 할까? 하지만 독자들에게 조금이라도 도움이 되길 바라는 마음이다.

필자는 '자산 만들기'를 위해서는 크게 세 가지 마인드를 가져야 한다고 본다. 그 첫번째는 '동물적 감각으로 승부하라', 두 번째는 '돈 버는 데 관심과 취미를 가져라'이며, 마지막으로 세 번째는 '성급하지 않지만 과감하게 임하라'이다.

이는 10년 이상 금융 쪽에 몸담아온 필자가 그 동안 가까이서 만난 사람들, 그러니까 성공적으로 자산을 축적한 사람들이 두서없이 꺼낸 말들을 종합해본 것들이다. 지금부터 좀더 구체적으로 알아보자.

> **tip 자산 만들기에 필요한 세 가지 마인드**
>
> ● 동물적 감각으로 승부하라.
> ● 돈 버는 데 관심과 취미를 가져라.
> ● 성급하지 않지만 과감하게 임하라.

현명한 결정의 비밀

이성이 모든 것을 해결해주는가?

"이성을 찾아. 지금 너무 흥분한 것 같아."

"그렇게 즉흥적으로 일을 처리해서 어떻게 좋은 결과를 얻을 수가 있겠어."

"이렇게 중차대한 일을 아무런 근거도 없이 기분 내키는 대로 결정해버리면 어쩌자는 거야."

우리가 흔히 하기도 하고 듣기도 하는 말이다. 인간이란 동물과 달리 의식과 자유의지를 지닌 이성적인 존재로 대접받아왔다. 따라서 비합리적이고 비이성적이라는 말을 너무나도 싫어하며,

조금이라도 그러한 기미를 보이는 사람들에게 가차 없이 일침을 가해왔다. 게다가 이러한 일침은 누가 봐도 설득력이 있기에 아무도 반박을 못하고 만다.

하지만 과연 그럴까? 우리가 신봉하고 있는 합리와 이성이 과연 뭔가를 판단할 때 늘 정답만을 일러주는 만물박사일까? 이성적이고 합리적인 사람이 판단한 일은 비이성적이고 즉흥적인 사람이 판단한 것보다 언제나 더 정확한 판단이며, 더 좋은 결과를 가져다줄까? 우리가 아무런 의심 없이 받아들이는 이성이라든가 합리적인 판단은 과연 얼마나 정확할까? 여기에 의문을 갖지 않을 수 없다.

우리는 살면서 어떤 형태로든 의사결정을 내려야 하는 기로에 서곤 한다. 그래서 여러 가지 정보를 수집하고 자문을 구하고 충분히 고민을 해서 어느 한쪽의 선택지를 택하게 된다. 여기서 우리가 신봉하는 이성적 판단과 합리적 사고방식은 중요한 역할을 한다.

그런데 자신이 이성적이며 합리적이라고 철석같이 믿었던 것들이 실제로 얼마만큼 이성적이며 합리적인지 한 번쯤 의심해볼 필요가 있지 않을까? 이 대목에서도 "아냐, 난 정말 모든 사항을 고려해서 이성적이고 합리적으로 판단했어. 여기에 이의를 제기하지 마"라고 항변할지 모르지만…….

결정을 내릴 때만 해도 모든 걸 고려했기에 너무 완벽했으며,

한 치의 오차도 없었다고 하자. 결정을 내린 후 정말 완벽한 선택을 했다고 기분 좋게 샴페인을 터뜨렸다고 하자. 하지만 시간이 지난 후 정말 의외의 결과가 나와 황당해진 적이 더러 있을 것이다. 왜냐하면 세상사에는 수없이 많은 변수가 존재하기 때문이다. 그리하여 결론을 내릴 당시에는 상상조차 하지 못했던 예기치 않은 변수들이 자신이 내린 결정에 치명적인 영향을 미칠 수도 있다.

그렇다면 사전에 아무리 이성적이고 합리적인 판단을 내린다고 해도, 자신이 원하는 완벽한 결과를 얻기는 힘들다고 할 수 있다. 우리는 다만 이성과 합리라는 우상을 신봉하고 있을 뿐이다.

원래 인간이란 피조물 자체가 완벽하지 않다. 그런 인간이 이성적이고 합리적이라고 판단한 것이 매번 완벽할 수는 없다. 또한 앞서 말했듯이 세상사는 수없이 많은 변수로 인해 크고 작은 영향을 받는데, 전지전능한 신이 아닌 이상 도저히 그 많은 변수를 고려해가며 이성적 판단을 할 수는 없다. 우리는 애초부터 불가능한 일을 마치 스스로 할 수 있는 것처럼 착각하며 살아가고 있을 뿐이다.

예컨대 전략적 사고방식이나 미래의 전망·예측이라는 것도 1년만 지나고 나면 코웃음이나 치는 엉터리 가십거리로 전락하기도 한다. 지금 당장 과거에 베스트셀러였던 《20××년 세계 경제 대전망》, 《20××년, 한국 경제 대전망》 같은 책을 다시 한 번 읽어보라. 이른바 전문가들이 온갖 자료와 정보를 바탕으로 이성적이고 합리적인 판단으로 예측한 전망들 가운데 과연 몇 개가 딱 맞아떨어졌으며, 십분 양보해서 과연 몇 개가 그럴듯하게라도 맞았는가?

동물적 감각에 주목하라

이렇듯 우리가 믿고 있는 이성과 합리라는 것이 실제로는 완벽하지 않을 수 있다. 사실 어느 정도까지는 맞아떨어질 수 있겠지만, 어쩌면 그것마저도 우연일 수 있다. 이성과 합리란 자신의 판단에 대한 불안감을 조금이라도 희석시키기 위한 정신적인 핑계거리일 수도 있다. 그래서 불안하기 짝이 없는 의사결정을 이성과 합리라는 미명하에 스스로 위로하고 있는지도 모른다. 만약에 그렇다면, 진짜 제대로 된 의사결정을 하기 위해서는 어떻게 해야 하는가?

우리는 독일의 심리학자인 마야 슈토르흐(Maja Storch)의 《동물적 감각으로 승부하라(Das Geheimnis Kluger Ent- scheidungen)》(류소현 옮김, 거름)라는 책에서 그에 대한 해결책을 발견할 수 있다. 슈토르흐는 현명한 결정의 비밀을 캐내려면 우선 일반적인 가치 기준들을 버려야 한다고 주장한다.

　지금까지 많은 학자들은 현명한 결정이라는 것이 소위 '판단력', '사고' 또는 '이성'이라고 불리는 개념들에 근거한다고 생각했다. 그리하여 '육감'이나 '마음의 간절한 소망' 등에 담겨 있는 감정이나 몸의 느낌들은 결정을 내리는 과정에서 거치적거리는 방해물로만 치부해왔다. 자신의 감정을 잘 조절하고 오히려 그것을 배제할 수 있는 사람만이 현명한 결정을 내릴 수 있다고 착각하고 있는 것이다. 그러나 그녀는 이렇게 말한다. 오히려 동물적 감각이야말로 현명한 판단을 내리는 데 커다란 기여를 한다고…….

　슈토르흐는 이와 함께 한 가지 재미있는 에피소드를 소개한다. 바로 유명한 SF 시리즈인 〈스타트렉〉에 관한 이야기다.

　〈스타트렉〉에는 '스팍'이란 인물이 등장한다. 스팍은 모든 결정을 이성에 의존해 계산기처럼 정확하게 내리는 상상의 산물을 형상화한 존재다. 스팍은 인간이 아니고 외계인이다. 이 외계인은 귀가 뾰족한 것만 빼고는 인간과 외모가 흡사한데, 한 가지 인간과 다른 점이 있다. 바로 감정이 없다는 것이다.

　우주선 '엔터프라이즈호'에서 스팍은 자료를 수집하는 일을 담당한다. 그가 가장 선호하는 단어는 '실재 사실'이다. 그의 표정 역시 항상 변화가 없다. 아주 흥분하면 왼쪽 눈썹을 약간 위로 치켜뜨는 것 외에는 자세나 표정이 늘 똑같다. 〈스타트렉〉에서 스

팍이 마치 이성의 은밀한 이상처럼 보이듯이, 우리 사는 세상에
도 수세대에 걸쳐 많은 지도자들이 이성에 관한 교육을 받아왔
다. 특히 국가를 운영하고 기업을 경영하는 지도자들은 모두 이
성적인 판단에 강한 사람이어야 한다는 통념이 대부분의 사람들
에게는 있다.

그런데 흥미로운 점이 있다. 〈스타트렉〉에서 우주선 엔터프라
이즈호의 지도자는 스팍이 아니라는 것이다. 이 거대한 우주선을
이끄는 인물은 인간인 '커크' 함장이다. 왜 100% 이성적인 외계
인 스팍보다 인간이 지도자에 더 적합한 걸까? 그것은 바로 감정
때문이다. 인간의 두뇌는 외계인의 두뇌와 다르게 작동한다. 인
간의 두뇌는 실재 사실만 처리하는 게 아니라, 감춰져 있을지도
모를 감정을 끌어내기도 한다. 또한 감정은 신체적 표현과 얼굴
표정을 얼마든지 바꿀 수 있다.

이 책은 감정과 관련된 부분들이 현명한 결정을 내리는 데 매
우 중요하다고 주장한다. 다시 말해 자신의 감정을 몸으로 느낄
수 있는 인간의 능력이 머리 좋은 외계인보다 더 좋은 결정을 내
릴 수 있게 한다는 것이다. 바로 여기에 현명한 결정의 비밀이 숨
어 있다.

정신분석학자이기도 한 슈토르흐는 이 책에서 우리 뇌의 구조
에 대해 언급하기도 한다. 책에 따르면 이성적으로 사고하고자 하

는 의식이 관장하는 것은 불과 두께 3밀리미터에 불과한 대뇌피질이라고 한다. 그러니까 이 얇은 막 아래에서 일어나는 무수한 뇌의 활동, 다시 말해 감정적인 경험기억의 집합체가 얼마나 많은 역할을 하는지 우리는 그 동안 무시하며 살아왔다는 것이다.

물론, 이러한 감정적 경험기억은 인간만의 특징은 아니다. 동물도 이러한 지식창고를 가지고 있다. 유기체는 몸 상태의 변화와 감정을 알려주는 내부의 신호를 받아, 경험을 통해 학습할 수 있는 능력을 지니고 있다. 그리고 이를 바탕으로 좋은 경험은 반복하고, 나쁜 경험은 피하게 된다.

이렇듯 우리의 감정적 경험기억은 동물에 가깝던 선조의 유산이라고 볼 수 있다. 이를 슈토르흐는 '동물적 감각'이라 부른다. 우리의 유전자에 전해져 내려오는 이러한 경험기억은 우리의 모든 체험들의 집합체와 다름없기 때문에, 엄청난 가치를 지닌 최고의 지식창고라는 것이다.

긍정적이고 진취적인 사고방식으로 무장하라

이렇게 하면 왠지 잘 될 것 같은 느낌

원시시대로 돌아가 보자. 왠지 오늘따라 남쪽 정글로 가는 게 꺼려진다. 이런 느낌이 들자 원시인은 그날 하루 남쪽 정글에는 얼씬도 하지 않았다. 그는 결코 실재 사실을 근거로 이성적인 판단을 내려 그렇게 한 것이 아니다. 아침부터 남쪽 정글을 떠올리니 알 수 없는 불안감으로 등골이 오싹했기 때문이다. 그런데 마침 남쪽 정글에는 무서운 맹수가 도사리고 있었다. 그것을 모르고 먹이를 구하기 위해 그쪽으로 향했던 동족 몇 명은 맹수의 밥이 되었다.

물론 이 원시인은 평생 동안 그날 자신의 판단이 옳았다는 사실을 깨닫지 못할 수도 있다. 하지만 중요한 것은 먼저 맹수의 밥이 된 그의 동족과 달리, 그는 목숨을 건져 그의 유전자를 후손에게 물려줄 수 있었다는 것이다. 그렇게 본다면 오늘날 살아 숨쉬고 있는 우리들은 모두 이렇게 '동물적 감각'이 발달한 조상들의 후예라고 할 수도 있다. 우리의 몸속에도 본능적으로 뛰어난 동물적 감각이 흐르고 있는 것이다.

따라서 진화의 승리자인 우리는 존재 그 자체만으로도 상당한 자부심을 가질 만하다. 왠지 이 투자안은 잘 될 것 같다든지, 이 사람은 믿을 수 있을 것 같다든지 하는 느낌이 다름 아닌 동물적 감각이다. 이러한 감각은 신체의 변화, 예를 들면 그 일을 떠올리면 기분이 좋아져서 웃음이 나온다든지, 아니면 반대로 불길한 예감이 들어 식은땀이 난다든지 하는 것으로 우리에게 의사결정의 해답을 알려주기도 한다.

인간은 본질적으로 이기적인 동물이다. 모든 세포조직과 신체 기능이 자기 자신의 생명과 안전을 위해 작동하도록 되어 있다. 이러한 동물적 감각과 그에 따른 신체 변화는 대부분 자기 자신을 이롭게 만들기 위해 작동하는 것이다. 우리들의 조상이 가졌던 동물적 감각이 그날 남쪽 정글로 가지 않도록 막아줘서, 우리가 지금 여기에 존재하듯이 말이다.

우리는 실로 복잡한 현대 사회를 살아가고 있다. 살아가면서 수

많은 의사결정이 우리 앞에 놓여 있다. 특히 고령화 사회와 양극화 사회에서 나름대로의 안락한 삶을 준비하려는 우리 세대는 더욱 그러하다. 그런 관점에서 '동물적 감각으로 승부하라'는 마야 슈토르흐 박사의 주장을 한 번쯤 곱씹어볼 필요가 있을 것이다.

어디에 투자를 하고 어떻게 자산을 만들어나가야 할지, 부동산이 유리할지 주식이나 펀드가 유리할지, 아이들은 외국으로 유학을 보내야 할지 말지, 직장에서 승부를 봐야 할지 창업에 승부를 걸어야 할지……. 실로 수많은 문제에서 우리가 과연 얼마나 이성적인 판단을 할 수 있으며, 그것이 얼마나 정확할지는 장담할 수 없다. 이렇게 수많은 변수들과의 싸움 속에도 마침내 우리가 이기려면, 원시시대 조상이 물려준 동물적 감각이라는 유전자의 힘을 빌려봐야 하지 않을까?

그런데 여기에는 한 가지 문제가 더 있다. 과연 우리에게 남아 있는 동물적 감각의 유전자가 얼마나 우리 자신을 위해 작용해줄까 하는 것이다. 이성적으로 판단해도 될까 말까 한 상황에서, 그냥 즉흥적이고 동물적인 감각에만 의존하여 내린 판단이 과연 옳을까 하는 불안감도 엄습한다. 사실 이러한 불안감은 당연한 것이다. 왜냐하면 그 동안 이성적 판단에 강요당한 우리는 과거 원시시대 조상들과 같은 정도의 동물적 감각을 가지고 있지 않기 때문이다. 이미 상당 부분이 왜곡되었고, 마모되어 있으니 말이다.

자기암시의 힘

그리하여 우리가 간과해선 안 될 것이 있으니, 동물적 감각으로 승부하기 전에 얼마간의 트레이닝이 필요하다는 것이다. 둔탁해진 동물적 감각을 트레이닝을 통해 예리하게 갈아야 한다.

그럼 어떻게 트레이닝 해야 할까? 여기서 중요한 것이 바로 '자기암시'다. 자신에 대한 존귀감과 긍정적 사고방식을 갖도록 스스로에게 끊임없이 암시를 하는 것이다. 사물을 긍정적이고 진취적으로 보는 사람, 자신을 소중한 존재로 보고 아끼는 사람, 그러한 사람에게서 그 동안 숨어 있던 동물적 감각이 올바르게 발현되는 것이다. 신경질적이고 비관적인 사람에게 동물적 감각은 좀처럼 발현되지 않는다. 괜한 걱정과 분노를 동물적 감각으로 착각해서는 안 된다.

성공한 경영자들을 보자. 정주영 회장이나 이건희 회장의 사례를 보면 알 수 있다. 남들이 다 불가능하다고 했던 조선업에 뛰어든 정주영 회장의 판단이나 반도체를 차세대의 핵심 사업으로 선정해서 밀어붙인 이건희 회장의 의사결정을 떠올려보라. 이것을 오직 정해진 자료와 정보를 바탕으로 한 이성적 판단의 공으로만으로 돌려버리기엔 어딘가 미흡한 면이 있다.

그렇다. 그들에게는 '프런티어(Frontier) 정신'이 있었다. 항상 진취적이고 긍정적인 사고방식, 그리고 도전정신으로 단련된 그들에게서 발현된 동물적 감각이 프런티어 정신으로 승화된 것이리라.

물론 모든 의사결정을 이성적 판단을 무시한 채 즉흥적으로 내리라는 말은 아니다. 필자의 글을 읽고 그렇게 이해했다면, 감히 말하건대 그것은 흑백논리에 사로잡힌 성급한 판단이라 할 수 있다. 중요한 것은 수많은 변수가 작용하는 불확실한 미래에 대한 의사결정을 내릴 때, 무조건 이성적 판단에만 의존하지 말자는 것이다. 오히려 상당 부분을 동물적 감각으로 판단하고, 이를 이성적 사고방식으로 뒷마무리하는 것이 현명하다는 것이다. 슈토르흐 박사도 이렇게 말했다.

올바른 자신감을 가진 사람들은 감정적 경험기억에서 보내는 신호들을 인식하는 능력이 있으며, 이성을 이용하여 그것을 효과적으로 활용한다. 그리고 그들이 내린 삶의 결정들은 의식적인 사고와 감정적 경험기억의 신호가 서로 조화를 이룬다.[……] 두 가지 결정 시스템, 즉 이성과 감정적 경험기억을 모두 주체적으로 다루고 장단점을 잘 알아내어 상황에 따라 제대로 활용할 줄 아는 사람만이 현명한 결정을 내릴 수 있다.

미래가 불안한가? 어떻게 의사결정을 내려야 할지 모르겠는가? 그럴수록 자신이 가지고 있는 동물적 감각에 승부를 걸어보라. 다만 동물적 감각이 올바르게 작용할 수 있도록 긍정적이고 진취적인 마인드로 트레이닝 하는 것 또한 잊지 말자.

위대한 투자가의
동물적 감각을 배우자

"시장의 90%는 심리학이 지배한다"

먼저 위대한 투자가 중 한 사람인 헝가리 출신의 앙드레 코스툴라니(Andre Kostolany)를 주목하자. 월 스트리트를 휘어잡은 대부분의 유명한 투자가들이 미국 출신인 데 비해, 그는 거의 유일한 유럽 출신의 투자가이다. 그는 '미스터 주식'이라 불릴 정도로 뛰어난 투자실적을 올린 인물이다.

그는 대학 시절 경제학이나 재무학을 전공하지 않았다. 그의 전공은 철학과 미술사(美術史)였으며, 원래 꿈은 피아니스트였다. 그만큼 음악에 있어서도 탁월한 재능을 인정받았다. 하지만 아버지의 권유로 18살 때 프랑스로 건너가 증권 중개인이 된 그는, 투자에 있어서 훨씬 큰 성공을 거머쥐었다.

그는 많고도 많은 그래프나 숫자로 종목을 선택하지 않았다. 그러한 합리적이고 이성적인 판단으로는 시장을 이길 수 없다는 게 그의 지론이었다. 대신 그는 사람들의 심리를 파악하는 데 관심을 가졌고 그에 관한 동물적인 감각도 타고났다. 그는 유동성과 시장 참여자의 심리가 주가를 결정짓는다고 믿었다. 그래서 투자자 심리를 꿰뚫는, 생각하는 투자자가 되라고 주장하기도 했다.

그는 또한 과학적인 방법으로 주식시장을 예측하려는 사람들을 사기꾼이나 바보로 취급했다. "시장의 90%는 심리학이 지배한다"거나 "단위 면적당 바보가 제일 많은 곳이 증권사 객장"이라 했던 그의 말은 아직도 월 스트리트에서 회자되고 있다.

그는 2차 세계대전이 끝난 후, 독일 국채를 헐값으로 사들여 140배의 수익을 냈다. 당시 패전국 독일은 아무도 거들떠보지 않는 나라였다. 하지만 그는 독일 국민의 근면성과 재건의지를 보고 동물적인 감각을 발휘하였다. 또한 1989년 미국과 소련이 정상회담을 하는 것을 보고 제정 러시아 시대에 발행했던 채권을 대거 사들여, 60배에 달하는 수익을 거둬들였다. 당시의 소련이 경제 활성화를 위해 미국 등 해외로부터 자금 지원을 받으려면, 기존에 발행되었던 채권을 모두 상환해야 한다고 판단했던 게 적중한 것이다.

물론 그도 투자 실패로 파산 상태에 이른 적이 있었다. 하지만 훌륭한 투자자가 되기 위해선 두 번 이상의 실패 경험이 있어야 한다며 낙관적인 자세로 이를 극복했다. 13권의 투자 관련 책을 써서 많은 독자들의 사랑을 받기도 했던 코스톨라니는, 1999년 세상을 떠나면서 이런 말을 남겼다. "상상력이 지식보다 중요하다." 어쩌면 그는 이성적 판단보다는 동물적 감각의 중요성을 이야기하고 싶었던 것은 아닐까?

대박을 터트리는 투자자의 비밀

'영적인 투자가'라 불리는 존 템플턴(John Templeton)경도 마찬가지다. 그는 1939년 유럽에서 제2차 세계대전이 일어났을 때, 1달러 미만으로 거래되고 있던 주식 104개에 과감한 투자를 했다. 모두들 전쟁의 혼란 속에 불안해하며 가지고 있던 주식을 내다 팔던 시기에 말이다.

이런 행동에 사람들은 모두 그가 제정신이 아니라고 했다. 하지만 전쟁이 끝난 후 그가 산 주식들은 모두 폭등을 했고, 그는 큰돈을 벌었다. 존 템플턴 역시 위기의 순간에 투자를 감행할 줄 아는 동물적 감각이 있었던 것이다.

'오하마의 현인'이라 불리는 워렌 버핏(Warren Buffett) 역시 두말하면 잔소리다. 세계적인 투자가로 미국의 5대 갑부에 드는 그는 가치투자의 달인으로도 불린다. 하지만 그는 '닷컴 열풍'이 불던 90년대 말 '아마존닷컴'과 같은 인터넷 기업에는 전혀 투자하지 않았다. 이런 그를 보고 세간에서는 세상의 트렌드를 읽을 줄 모르는 한물간 노인이라고 폄하하기 시작했다. 하지만 그는 묵묵히 코카콜라와 같은 전통적인 산업에만 투자를 했다. 결국 닷컴의 거품이 빠지자 승리의 여신은 그에게 미소를 지었다. 그 역시 '소수의 편'에 설 줄 아는 동물적인 감각을 지녔던 것이다.

이러한 동물적 감각을 가진 투자가들이 외국에만 있는 것은 아니다. IMF 시절 우리나라의 시중금리가 연 30%를 육박했던 것을 기억하는가. 현재 미래에셋의 박현주 회장은 당시 금리가 꼭지에 이르렀다고 판단했다. 그리고 과감하게 채권에 투자했다. 그의 동물적 감각은 그대로 적중했다. 금리는 다시 떨어지기 시작했고, 그가 투자한 채권의 가격은 폭등을 하여 엄청난 돈을 벌었다. 그는 그 자금으로 미래에셋의 초석을 다졌다.

부자를 사랑하고 동경하라

부자 되는 사람은 따로 있다

당신이 앞으로 부자가 될 수 있는지, 아니면 부자와는 평생 거리가 먼 삶을 살게 될지를 알아보는 방법이 있다. 다음의 질문에 대해 당신이 어떤 대답을 하는지를 알아보는 것이다.

"부자들을 보면 어떤 생각이 드는가?"

지금 당장 부자들이 으리으리한 집에서 풍요롭게 살아가는 장면을 상상해보라. 화려하고 고급스러운 인테리어로 꾸며진 안락한 별장에서 멋진 드레스를 입고 우아하게 와인 잔을 기울이는 모습을 바로 눈앞에서 보고 있다고 하자. 어떤 기분이 드는가?

만약 그런 장면을 보고 '아니, 자기들이 있으면 있는 거지 그걸 저렇게 티를 내며 사나? 좀 가졌다고 그렇게 유세를 하면서 살 게 뭐람. 정말 재수 없어.' 이런 생각이 드는가? 아니면 '우와, 정말 멋있고 여유로운 생활이군. 나도 언젠가는 저렇게 살 수 있도록 뭔가를 해야 할 텐데.' 이런 생각이 드는가?

만약 당신이 전자라면 불행히도 부자가 되기 힘들 것이다. 아마도 평생을 빠듯한 생활비에 쪼들리며 다람쥐 쳇바퀴 도는 삶을 살게 될지도 모른다. 반면에 당신이 후자라면, 당신에게는 부자가 될 가능성이 있다. 사람은 모름지기 자기가 동경하는 것을 은연중에 추구하게 되어 있다. 그리고 그렇게 하다 보면 언젠가는 그것을 이루게 된다.

이는 한 개인에게만 해당되는 것이 아니다. 사회 전체도 마찬가지다. 어떤 가치관이나 직업이 그 사회에서 추앙을 받는 분위기라면, 상당수의 사람들이 그 일을 하고 싶어 하게 되고 그러한 직업이 더욱 발전하게 된다. 이에 비해 특정 직업이나 가치관이 그 사회에서 멸시를 받는다면, 그 직업이나 가치관은 점차 도태되어 결국엔 흔적도 없이 사라지고 만다.

우리 사회에서 부자는 어떠한 평가를 받고 있을까? 세계적으로 유명한 경제잡지들이 아시아의 부자들 또는 세계의 부자들의 순위를 발표한 자료를 본 적이 있을 것이다. 이를 보면 중국인, 대만인, 일본인, 화교 들은 상당히 많은데, 한국인들은 상대적으로 적다는 것을 알 수 있다. 이유가 뭘까? 혹시 우리 사회에서 아직도 부자를 보는 시각이 왜곡되어 있어서가 아닐까?

우리 사회는 전통적으로 공부를 잘하는 사람에게 관대한 대신, 돈을 많이 번 사람들에게는 의외의 반응을 보인다. 그들을 질투하고 무시하며, 심지어 비하하기까지 한다. 내심 부러워할지 모르겠지만, 겉으로 드러내는 반응을 보면 대부분 칭찬보다 비난이 앞선다.

물론 나름대로의 이유가 있을 것이다. 대부분의 사람들은 이렇게 말할지도 모른다. "지금 한국의 부자들이 대체로 부를 축적하는 과정에서 각종 비리와 불법, 편법을 저질렀기 때문에 그들에게 좋은 감정을 가질 수 없는 게 아니냐?"

하지만 모든 부자들이 정말 불법적인 수단으로 부를 축적했다고는 말할 수 없다. 세부적인 조사를 해보기 전에는 말이다. 설령 그렇다고 하더라도 과정이 잘못되었으면 그것을 행한 사람들만 탓할 일이지, 부자 자체를 비하할 이유는 없는 것 같다.

사실 요즘은 사람들 사이에서 재테크에 대한 관심이 가히 폭발적이라 할 만하다. '10억 만들기' 책이며 '한국의 부자들'을 소개한 책들이 불티나게 팔렸다. 그럼에도 불구하고 부자에 대한 평가가 그렇게 박하니, 이는 이율배반적인 태도가 아닌가?

얼마 전에 새해 소망이 무엇이냐는 질문에 가장 많은 대답이 '돈을 많이 벌고 싶다'는 것이었다고 한다. 그런데 어찌된 영문인지 우리 사회는 오히려 부자를 욕하는 사람들이 청렴하고 정의로운 사람처럼 비쳐지는 분위기이다. 참으로 아이러니하다.

"돈 많으면 다냐?"

2006년 초여름에 국내 한 일간지가 실시한 설문조사 결과를 살펴보면, 우리나라 사람들의 반 기업정서가 이웃 나라에 비해 특히 심하다는 것을 잘 알 수 있다. 당시 한·중·일 세 나라의 국민 2,500명을 상대로 한 조사에 따르면, 기업에 대한 호감도가 한국인들의 경우 59.8%, 일본인들은 72.9%, 중국인들은 77.4%였다. 한국인들이 기업에 대한 호감도가 가장 낮은 것으로 나타난 것이다.(《중앙일보》 조사자료).

아울러 "기업 오너가 사망 등의 이유로 개인 재산을 처리할 때 어떻게 해야 하느냐"는 질문에 중국인들은 63.6%가 "오너의 자유의사에 맡길 문제다"라고 답변했지만, 한국인들은 77.6%가 "일부 또는 전부 사회에 환원해야 한다"라고 답했다.

부자들이 자신의 사유재산을 사회에 환원하는 것은 존경받을 만한 일이다. 하지만 이는 어디까지나 부자들이 선택해야 할 일이지, 당연히 그렇게 해야 하는 의무사항이 아니다. 그럼에도 우리 사회는 부자가 부를 축적해온 과정이 모두 다 도덕적이지 않을 것이라는, 그래서 부자들은 욕심꾸러기며 그들의 재산은 당연히 사회에 환원되어야 한다는 일종의 사회적 공감대가 있는 것 같다.

이렇듯 우리 사회가 계속적으로 부자들을 싫어하거나 멸시하는 분위기로 간다면, 부자들은 점점 지하로 잠수할 것이고 한국을 떠날 것이다. 또한 부자를 배척하면서 살아가는 서민들은 계속해서 노후 걱정을 하면서 고단한 삶을 살아야 할지도 모른다. 이제는 부자들을 비난하고 그들을 규제하는 방향이 아니라, 서민들이 더 많이 부자가 될 수 있는 방향으로 이끄는 것에 대한 사회적인 공감대가 형성될 때가 되지 않았는지…….

이제 "돈 많으면 다냐?"라는 막무가내 식의 비아냥거림은 그만할 때가 된 것 같다. 부자를 사랑하고 동경하라. 그래야 부자가 될 수 있다. 물론 부자가 되는 것에 관심이 없거나 부자가 되지 않기로 결정했다면 경우가 다르지만 말이다.

관심과 습관이 중대한 차이를 만든다

"쎄라인이 아니라 셀린느예요!!"

오래 전의 일이다. 사촌 여동생의 핸드백이 예뻐 보여서 브랜드를 살펴보니, 'CELINE'라고 적혀 있었다.

"야! 이 핸드백 참 예쁘네. '쎄라인'이 유명한 상표인가?"

"호호호. 오빠, 이건 '쎄라인'이 아니라 '셀린느'(CELINE)라고 읽는 거예요. 여태 그것도 몰랐어요?"

사촌 여동생이 재미있다는 듯 웃으면서 이야기했다. 여자 핸드백 브랜드에, 그것도 명품 브랜드엔 아무 관심도 없던 필자는 그저 얼굴을 붉히며 겸연쩍게 웃을 수밖에 없었다. 사촌 여동생의 말에 따르면 요즘 웬만한 젊은 여자들은 먼발치에서 딱 보기만 해도 그 핸드백이 어느 브랜드인지, 그 옷이 명품인지 아닌지를 알아본다고 한다. 필자는 보란 듯이 크게 적혀 있는 브랜드 이름을 보고도 그 가치를 알아보지 못하는데 말이다. 이렇듯 사람들은 자신이 관심을 두지 않은 분야에 대해서는 문외한이 될 수밖에 없다.

모든 게 '관심'의 문제다. 은행에서 번호표를 뽑아들고 기다리고 있는 사람들을 살펴보자. 그들은 지금 대기하고 있는 사람들이 많아 무료하게 시간을 보내야 한다. 자연스럽게 객장에 비치되어 있는 잡지로 손이 간다. 이때 패션잡지에 손이 가는 사람이 있는가 하면, 경제잡지에 손이 가는 사람이 있다.

전자의 사람은 그렇지 않아도 무료한데, 머리 아픈 경제잡지를 굳이 봐야 할 이유가 없다. 후자의 사람은 재미있는 경제잡지를 놔두고 사진들만 두서없이 나열되어 있는 패션잡지를 호기심 어린 눈으로 탐독하고 있는 사람들을 도저히 이해할 수 없다.

이 둘의 차이는 뭔가? 서로의 관심사가 다르다는 것이다. 이러한 자그마한 차이가 쌓이고 쌓여 'CELINE'를 제대로 알아보는 눈과 '주식워런트증권'(ELW)을 제대로 알아보는 눈으로 나뉘게 되는 것이다. 물론 이는 순전히 개인의 취향 문제이다. 한쪽이 나쁘고 천박하며, 다른 한쪽이 좋고 고귀한 것은 결코 아니다.

다만 해당 분야에 관심이나 습관을 가지려고 노력하지도 않으면서, 막연히 누군가가 필요한 비법만 콕콕 찍어주기를 원해서는 안 된다는 것이다. 평소에 관심도 없다가 발등에 불이 떨어지니 그제야 비법을 찾는 게 염치없다는 말이 아니다. 불행히도—어쩌면 다행일 수도 있겠지만— 세상에는 그러한 비법이 존재하지 않기 때문이다.

세상에 공짜는 없다

얼마 전 비즈니스 관련 서적을 출판한 저자들의 모임에 참석한 적이 있었다. 거기서 출판사 기획 일을 맡고 있는 20대 초반의 젊은 여성이 내게 이런 질문을 했다.

"이제 갓 취직을 해서 월급은 적지만 그래도 쪼개서 재테크를 해야겠다고 생각하고 있는데요. 시중에 금융상품은 뭐가 그리 복잡한지……. 인터넷도 뒤져보고 재테크 책도 사다 보고 했는데, 무슨 말을 하는지 도통 알 수가 없더군요. 제 나이 때 재테크는 '확실히 이러저러한 것만 해라' 하고 콕콕 찍어주는, 뭐 그런 책 없을까요?"

충분히 수긍이 가는 이야기였다. 하지만 불행히도 그에 대한 필자의 답변은 별로 신통치 않았다. 족집게 도사도 아니고, 대입 시험보다 수십 배나 복잡 미묘한 재테크의 비법을 '바로 이 책한 권이면 만사 OK'라며 정리해놓은 책이 있을 리 만무하기 때문이다.

생판 모르는 분야를 한눈에 알 수 있게 해주는 특별한 비법은 없다. 평소에 관심도 없다가 막상 일이 닥쳐 부랴부랴 벼락치기를 해봤자 제대로 일이 풀리지 않는다. '아! 이제 곧 양극화 사회와 고령화 사회가 나의 목을 죄어오겠구나' 하며, 그제야 부랴부랴 어디 돈 벌 곳이 없나 살펴보았자 금방 눈에 띌 리가 없다. 실제로는 자신의 주변에 돈 벌 기회들이 얼마든지 돌아다니고 있는데도 말이다. 마치 바로 눈앞에서 'CELINE'라는 글자를 봐도 그게 명품인지도 모르고, 심지어 '쎄라인'이라고 읽어버리는 필자처럼 말이다.

미래가 불안하다고 마냥 걱정만 하고 있지 말자. 그렇다고 남들에게 돈 버는 비법을 알려달라는 어리석은 부탁도 하지 말자. 대신 평소에 돈 버는 데 관심을 갖자. 본능적으로 축구 이야기에 귀가 솔깃하고, TV 연속극에 눈이 번쩍 뜨이는 사람일수록 의도적으로라도 경제잡지나 경제신문, 금융이나 재테크 정보에 관심을 가져보는 자세가 필요하다.

'관심'과 '습관'을 갖게 되면 보이지 않던 것도 볼 수 있고, 할 수 없었던 것도 해낼 수 있다. "평소에 관심이 있어 만화를 보는 게 생활의 일부가 되었다"는 어느 '오타쿠'(おたく：otaku)처럼 말이다. 그들은 요괴들이 등장하는 만화 시리즈의 몇 백 개에 이르

는 요괴 이름들을 줄줄이 외우고, 〈슬램덩크〉라는 만화의 몇 페이지 몇 번째 대사가 무엇인지도 맞춘다.

관심은 이렇게 커다란 차이를 만든다. 그리고 관심과 습관, '생활의 일부'는 장차 상상할 수 없을 정도의 큰 힘을 발휘하게 되는 것이다.

투자의 시대에 살아남는 법

물가상승률이라는 복병

"안전한 투자는 결코 안전하지 않다." 패러독스 같은 이야기처럼 들린다. 하지만 결코 패러독스가 아니다.

가령 당신이 종자돈을 모으기 위해 금융상품에 가입을 한다고 하자. 알토란 같은 귀한 돈, 미래의 자산 축적을 위해 모은 돈을 원금보장이 안 되는 금융상품에 투자를 한다는 게 왠지 불안할 수 있을 것이다. 그래서 망설이다 원금이 보장되는, 다시 말해 위험이 전혀 없는 은행의 예금상품이나 적금상품에 가입을 한다.

그런데 이 세상에서 공짜로 얻을 수 있는 게 어디 그리 흔하던가? 금융상품도 마찬가지다. 위험이 없으면서 높은 수익을 주는 그런 금융상품은 없다. 금융기관이 자선단체로 둔갑하지 않는 이상, 그러한 환상적인 금융상품은 앞으로도 영원히 만들어지지 않을 것이다.

통상 원금이 보장되는 은행의 예·적금 상품은 4%대의 이자를 지급하는 게 대부분이다. 우리가 원하는 수익률과는 다소 거리가 있는 낮은 수익이다. "4%가 어디냐? 전혀 이자를 안 주겠다는 것도 아니고, 그래도 이자가 붙지 않느냐?"라고 반박할 수도 있을 것이다. 하지만 여기서 간과해선 안 될 게 있다. 바로 물가상승률이다. 이것을 빠뜨리고 생각해선 안 된다.

예를 들어 연 4%의 이자를 주는 금융상품에 1억을 넣어둔다고 하자. 그러면 매년 4백만 원의 이자라도 붙으니 그런대로 만족할 수준은 되지 않을까 싶지만, 실상은 그렇지가 않다. 만약 매년 물가상승률이 3%라고 가정해보자. 그럼 실제 돈의 가치는 1년 후 3%만큼 떨어진다고 보면 된다. 다시 말해 현재의 1억 원의 실질적인 구매력은 1년 후의 1억3백만 원과 같아진다는 것이다.

따라서 1년간 원금 보장이 된답시고 연 4%의 예금상품에 꾸준히 넣어두어 1년 후에 4백만 원의 이자가 붙어봤자, 실제 그 가치 증가분은 겨우 1백만 원이라고 볼 수 있다. 하지만 여기서 끝나지 않는다. 모든 소득에는 소득세가 붙는다. 이자소득에도 예외는 없다. 이자소득세 15.4%까지 떼어내면 실제로 돈을 번 것은 거의 없다고 봐야 할 것이다.

　과거 금리가 10%를 넘어서던 시대가 있었다. IMF 구제금융 직후에는 연 20%가 넘는 예금상품도 있었다. 이런 시대에는 당연히 안전하면서도 충분한 수익을 안겨주는 원금보장형 금융상품이 옳은 선택이었다. 하지만 지금은 환경이 바뀌었다. 환경이 바뀌었으면 그에 맞게 적응해야 살아남을 수 있는 게 당연한 이치다. 물가상승률 정도를 겨우 넘을까 말까 한 이자를 지급하는 은행의 예·적금을 여전히 믿고 있다간 허송세월하기 십상이다.

　이러한 금융상품은 이제 더 이상 당신의 자산을 불려주지 못한다. 오히려 물가상승률로 인해 당신이 가지고 있던 원금마저 갉아먹을 수 있다는 걸 알아야 한다. 이제 안전하다고 생각하고 가입한 은행의 예·적금 상품은 전혀 안전하지 않으며, 오히려 그곳에 방치해두었다가는 손해를 볼 수도 있다는 사실을 명심하자.

위험과 친해져라

　이제는 싫든 좋든 투자의 시대다. "위험한 투자를 하다 원금 까먹으면 어떡해, 오히려 안전한 은행에다 넣어두는 게 최고야"라는 이야기는 더 이상 통하지 않는 시대에 살고 있다. 예전과 같은 안이한 자세로 그나마 모아둔 알토란 같은 자산을 방치해서는 안 된다. 주식투자가 되었건 부동산 투자가 되었건, 적어도 물가상승률과 세금 이상의 수익은 얻을 수 있는 곳에 투자를 해야 한다.

위험이란 불과 같은 것이다. 자칫 잘못 다루면 대형화재를 일으킬 수 있지만, 잘 다루면 추운 겨울을 따뜻하게 보낼 수 있게 해주며 생활하는 데 상당히 유용한 도구가 되어준다. 이렇게 좋은 불을 대형화재를 일으킨다고 무조건 무서워하며 멀리하는 행동은 결코 현명하지 않다는 것을 우리는 이미 잘 안다. 위험을 바로 보는 시각도 이와 다르지 않다.

위험이라는 말도 다시 한 번 생각해볼 필요가 있다. 솔직히 위험(危險)이라고 하면 뭔가 사고가 날 것 같은 느낌이 강하게 든다. 하지만 금융 쪽에서 위험이라는 말의 의미는 영어의 '리스크'(Risk)에 더 가깝다. 리스크란 무조건 나쁜 일이 생길 수 있는 가능성을 의미하는 것은 아니다. 정확히 말하면 리스크란 미래에 예상한 것과 다른 방향으로 변할 가능성을 말하는 것이다.

예를 들어 어느 금융상품에 투자를 했는데, 미래에 100의 수익을 얻을 것으로 예상하고 있다고 하자. 그런데 리스크가 있다는 것은 미래에 가서 실제로 수익이 100이 아니며, 그것보다 낮은 95가 일어날 가능성과 105가 일어날 가능성이 함께 있다는 것을 의미한다. 다시 말해 리스크가 높다는 것은 무조건 손해를 볼 위험이 높다는 것이 아니라, 손해나 이익을 볼 가능성이 모두 높다는 것이다. 100의 수익을 예상했는데 50이 될 수도 있고, 150이 될 수도 있다는 것이 바로 정확한 의미의 '하이 리스크'(High Risk)다.

따라서 너무 리스크에 대해 거부반응을 보이는 것은 좋은 태도가 아니다. 무조건 안전한 것만 찾는다면 당장에는 원금이 보장되는 것 같지만, 결국 해를 거듭할수록 계속되는 물가상승률로 인해 오히려 안전하지 못할 수 있다는 걸 다시 한 번 명심하자. 우리는 바야흐로 위험과 조금은 친해져 이를 스스로 제어할 수 있는 노하우를 쌓아야만 하는 시대에 살고 있기 때문이다.

과감한 결정이 성공을 부른다

큰돈을 버는 자세

참깨가 한 바퀴 구르는 것과 호박이 한 바퀴 구르는 것은 그 크기부터가 다르다. 투자의 원리도 마찬가지다. 수익률이 같은 10%라고 해도 100만 원을 투자했을 때와 1억 원을 투자했을 때 손에 떨어지는 돈의 규모는 엄청나게 차이가 난다. 따라서 투자를 할 때는 어느 정도 규모를 갖추어 투자를 해야 한다. 투자처를 찾기 위해서 신중을 기하는 자세는 반드시 필요하다. 하지만 이미 방향이 정해졌는데도 불구하고 미적거린다면 때를 놓치기 십상이다.

예를 들어 C회사의 주식에 대한 정보를 꾸준히 모으고 최근의 공시사항 등을 종합 분석해서, 상당히 저평가된 주식이라고 판단했다고 하자. 이제 주식을 매수하는 일만 남았다. 하지만 망설여진다. '내가 발굴한 C회사 주식의 가격이 과연 올라줄까?' 하며 다시 한 번 이리 재보고 저리 재본다. 그러다가 겨우 여윳돈의 10%만 투자를 한다.

물론, 예상과 달리 주가가 빠졌다면 손해를 적게 봐서 다행일 것이다. 하지만 예측한 대로 주가가 오른다면? 애초에 투자하기로 했던 금액의 10% 수준밖에 벌 수 없다. 이래서는 달라지는 게 별로 없다. 일단 의사결정을 내렸다면 과감하게 임하라. 아니면 평생 '그 나물에 그 밥'이 될 것이다.

창업도 마찬가지다

이는 비단 주식투자에 국한되는 것만은 아니다. 창업을 할 때도 마찬가지다. A씨는 모 출판사의 기획부장이었다. 그는 평소 남다른 혜안으로 독자들의 니즈에 맞는 출판 기획을 하여 많은 베스트셀러를 만들어냈다. 그러자 같은 출판업계에 종사하는 선배가 제안을 해왔다. 초기 사업자금을 대줄 테니 독립해서 출판사를 해보라는 것이었다. 출판업계에 종사하는 대부분의 사람들은 자신이 직접 발행인이 되어 책을 출판해보고 싶어 한다. 독립을 하여 출판사의 사장이 되는 것이다.

A씨 역시 예외는 아니었다. 그럼에도 많은 고민을 했다고 한다. 평소에 조금씩 독립을 계획하고 준비해오긴 했지만, 막상 현실이 되고 보니 걱정이 앞서지 않을 수 없었다. 이제부터 월급을 받는 게 아니라 자신이 알아서 모든 걸 꾸려나가야 하고, 투자자에게 어느 정도의 배당금도 줘야 한다. 게다가 이름 없는 신규 출판사에 유명한 저자들이 처음부터 찾아올 리 만무하다. '이러다가 잘못하면 괜히 잘 다니던 직장만 날아가는 것 아닐까?'

A씨는 밤잠을 못 이루었다. 하지만 A씨에겐 독립에 대한 꿈이 있었다. 평소 자신이 기획했던 책들이 현재 다니는 출판사의 사장 선에서 자꾸 잘려나가는 것에 대한 불만도 컸다. '분명 독자들은 이런 책을 원하는데, 나의 의견이 잘 먹히질 않아.' A씨는 주말이면 자신이 담당하는 분야의 경쟁서들을 모조리 사거나 빌려서 읽었다. 그리고 잘 팔리는 책과 그렇지 않는 책들의 형태를 분석해나갔다. 이와 함께 다른 출판사의 출판 기획자들과도 미팅을 해가며 자신이 내고 싶은 책이 독자가 원하는 방향과 맞는지 확인해나갔다.

그리고는 결국 자신의 제2의 인생에 승부수를 던졌다. 필자는 잘 안다. 다니던 회사에 사표를 내고 새로운 회사를 세울 때쯤, 그가 얼마나 많은 고민을 했는지를 말이다. 몇 번이나 필자를 찾아왔기 때문이다. 그러다 수개월이 지나, A씨의 출판사에서 출간한 책들이 차츰 베스트셀러의 반열에 오르기 시작했다.

지금 그의 출판사는 이미 중견 출판사로 성장했다. 그가 기획했던 방향에 독자들이 손을 들어준 것이다. 언젠가 그를 만났을 때 이런 말을 했던 것이 기억난다.

"독립하여 출판사를 차릴 때 엄청나게 고민했습니다. 처자식이 딸린 몸이니 더욱더 그랬죠. 하지만 '바로 이 길이 맞다'고 결정을 내리고 나서는 뒤도 돌아보지 않고 일에만 매달렸죠. 솔직히 결정을 내리기 전에는 독립을 하느냐 마느냐가 참으로 어려운 숙제였는데, 막상 마음을 정하고 나니 그 다음부터는 그런 게 별로 중요하지 않다는 것을 알게 되었어요. 어쨌든 결정한 일이니, 그 다음부터는 어떻게 성공을 할지가 제일 중요한 숙제가 되었으니까 말이죠.

몇 개월 동안 제가 가진 모든 역량을 다 투자했습니다. 독립한 게 옳았는지 틀렸는지 고민할 시간적 여유가 없었죠. 그러다 보니 이제야 연락을 드리게 됐네요. 그때 심적으로 많이 도와주셨는데, 그 동안 정신없다는 핑계로 연락이 늦어져 죄송하네요. 허허허."

그렇다. 마음을 정했으면 과감하게 달려들어야 한다. 그리고 끈기 있게 밀어붙여야 한다. 그렇지 않으면 아무것도 이루지 못한다. 물론 과감하게 임하기 위해서는 자신에 대한 확고한 믿음과 용기가 있어야 한다. 투자의 세계나 창업의 세계나 다 마찬가지다. 미래가 우리를 위협한다고 걱정만 하고 있으면 무엇이 달라지

는가? 문제는 저절로 해결되지 않는다. 지금이라도 자신의 나아
갈 길을 정해 용기를 갖고 과감하게 행동하도록 하자.

평생 나를 지켜줄 참된 '부'

부자는 결코 돈을 쫓아다니는 사람이 아니다. 원래 가난한 사
람이 돈을 쫓아다닌다. 부자는 기술을 습득하고 노하우를 터득한
후, 그것을 활용하여 자산을 차곡차곡 축적해나가는 사람들이다.
평범한 사람들이 봤을 때는 그냥 돈을 쫓아다니는 것 같지만, 전
혀 그렇지가 않다. 그보다는 오히려 돈이 다닐 만한 길목에 열심
히 밑밥을 뿌리고 그물을 쳐놓고 때를 기다리는 사람들이다.

필자가 아는 사람 중에는 '엔젤투자*를 해서 큰돈을 번 N씨가
있다. 그는 원래 고등학교 사회과 교사였다. 알다시피 사회 교과
서 안에는 경제 부문이 있다. N씨는 학생들에게 경제를 가르치면
서 실질적인 경제를 몰라서야 되겠나 하는 생각에 조금씩 주식투
자를 하기 시작했다.

처음엔 말 그대로 주식투자 방법이나 기업체의 동향 등 자본주
의 사회의 가장 기본적인 시스템을 학생들에게 생동감 있게 설명

Note

* 상당한 투자 리스크가 있는 초기 벤처기업에 투자를 하는 개인 자금을 말한다.

해주기 위해 주식투자를 시작했다고 한다. 그러다 1988~1989년 주식시장에서 어느 정도의 돈을 벌었고, 그것을 목돈으로 해서 건설자재 공장을 시작하게 되었다.

마침 N씨의 친한 친구가 공장을 시작하면서 자금이 필요했고, 그때 여윳돈이 있던 N씨가 동업의 형태로 참여를 한 것이다. 그리고 90년대 중반까지 어느 정도의 우여곡절도 있었지만, 공장은 무럭무럭 성장해나갔다. N씨는 자신에게 사업가로서의 동물적 감각이 있음을 그때서야 알게 되었다고 한다.

그러다 N씨는 소중한 경험을 하게 된다. 지역 상공인의 모임에서 마련한 일주일짜리 미국 실리콘밸리 연수 프로그램에 참가하게 된 것이다. 통상 이러한 연수 프로그램은 산업 시찰 조금하고, 나머지는 골프를 치거나 관광을 하는 게 대부분이다. 하지만 N씨는 실리콘밸리 벤처캐피털을 만나면서 벤처투자나 엔젤투자에 눈을 뜨게 되었다. '언젠가는 우리나라도 초기 벤처기업에 투자하는 시장이 올 것이다. 여기에 대비해야겠다.'

평소 중소기업에 관심이 많았던 N씨는 귀국을 한 후 각종 엔젤투자에 대한 자료를 수집하여 공부를 했다고 한다. 그런 다음 동업하던 친구와 상의를 해서 자신의 지분을 처분하고, 엔젤투자의 길로 나섰다. 엔젤클럽도 직접 결성하고, 대학의 벤처투자 과정에도 등록을 하고, 당시 막 생기기 시작한 창업투자회사의 엔젤펀드에도 출자를 했다.

N씨의 예감은 적중했다. 벤처 붐이 불기 시작한 것이다. N씨가 초창기에 투자했던 기업들이 코스닥시장에 등록되기 시작하면서, 마침내 그는 엄청난 돈을 벌었다. 그 무렵 필자는 N씨와 저녁을 같이 하면서 이런 질문을 했다.

"어떻게 그렇게 많은 돈을 벌었습니까? 어떤 혜안이 있었습니까?"

"솔직히 나도 잘 모르겠어요. 어떻게 그렇게 돈을 벌게 되었는지……. 그냥 내가 '이거다' 하고 감흥을 받은 일에 모든 걸 걸고 매진하다 보니, 나중에 돈은 저절로 벌려 있더라고요. 허허허."

필자의 질문에 대해 이미 자산을 축적하여 상류 사회로 진입한 N씨가 들려준 대답은 그것이 전부였다. 평범한 고등학교 교사에서 출발하여, 몇 백억 원대 자산가가 된 부자가 한 말 치고는 여간 싱거운 것이 아니었다. 하지만 결국은 그게 정답인 것 같다.

일본의 오카노공업사* 대표인 오카노 마사유키 사장의 저서 《목숨 걸고 일한다(俺がつくる!)》(정택상 옮김, 세종서적)에는 진정한 부자에 대한 이야기가 나온다. 지금 우리에게 절실히 필요한 이야기가 아닌가 싶다.

Note

＊미국 항공우주국(NASA)이나 국방성, 일본의 소니, 히타치 등 각국 기관과 기업들과 거래를 한다. 주요 제품으로는 자동차 충돌방지용 센서, 컴퓨터 압착단자 등이 있으며, NASA 의뢰로 만든 레이저 반사경과 미국 국방부와 공동으로 개발한 레이저 반사경용 위성 안테나도 빼놓을 수 없는 제품이다. 6명이 60억 원의 매출을 올리며 기적을 만들어내는 회사로 통한다.

부자가 되겠다고 난리법석이다. 나라가 10년 넘게 힘들다 보니 그런 모양이다. 흥청망청 쓸 때는 몰랐는데, 끝이 보이지 않는 불황을 겪고 나서야 돈 무서운 줄 알아서 돈을 갖겠다고 그러는 것 같다.

하지만 내 생각은 다르다. 돈은 있다가도 없기도 하고 그러는 게 좋다. 돈은 수단일 뿐이다. 그러니 위험할 때 나를 지켜줄 갑옷 정도면 충분하다. 돈에 매달리면 노예가 된다. 그러나 몸에 붙은 기술, 일 잘하는 노하우야말로 마음 놓고 쌓아두면 평생토록 나를 지켜줄 참된 '부'라고 나는 생각한다.

자산을 만드는 금융지식 사용법

우리의 알토란같은 자본종자돈이 찾아야 할 기회의 땅은 어디인가? 자산 시장의 양대 산맥이라 할 수 있는 부동산과 주식시장이 향후 어떠한 변수로 인해 어떻게 변화하고 진화해갈 것인가. 마침내 우리는 '멧돼지를 잡으러' 자산시장에 뛰어들 준비를 마쳤다. 자, 어디서부터 시작할 것인가? 우리의 목숨 같은 자산을 허망하게 잃을 수는 없다. 실패를 줄이고 우리가 목표한 성과를 얻으려면, 앞으로 우리가 처한 경제 환경이나 돈의 흐름이 어떤 방향으로 움직일지에 대해 꼼꼼히 분석해보고 전망해볼 필요가 있다.

3부에서는 이 책에서 자산을 만드는 데 필요한 유용한 금융 지식을 뽑아내어, 그것을 어떻게 활용하여 자산을 축적하고 미래를 준비할 것인지 실용정보를 전하고 있다.

[자산가격의 이해]

자산가격의 변화 속성을 알면 돈이 보인다

자산가격의 패턴은 반복된다

옛말에 적을 알고 나를 알면 백전 불패(知彼知己, 百戰不殆)라 하였다. 자산을 만드는 데 있어서도 예외는 아니다. 자산의 속성을 먼저 알아야 제대로 된 자산 축적을 할 수 있다.

앞서 말했듯이 자산이란 미래에 현금 흐름을 스스로 창출할 수 있는 유형 또는 무형의 물건을 의미한다. 주식, 펀드, 토지, 건물 뿐만 아니라 물건을 만들어내는 공장이나 독특한 기술, 잘나가는 가게 등이 여기에 속한다.

그 중에서도 주식, 펀드, 부동산은 최근 몇 년 동안 투자나 재테크의 대상으로 주목을 받고 있는 자산이다. 그런데 투자나 재테크의 대상의 되는 자산의 경우, 그 가격이 특정한 패턴을 가지고 움직이는 속성이 있다. 이러한 자산 가격의 속성을 제대로 파악한다면 이들 자산에 투자할 때 훨씬 유리한 고지를 점령할 수 있을 것이다.

자산의 가격을 잘 관찰해보면 재미있는 현상을 발견하게 된다. 다름아닌 그 파고의 크기는 다소 다를지 몰라도 항상 똑같은 패턴으로 변화를 반복하고 있다는 것이다. 다시 말해 '가격 상승 → 거품 발생 → 붕괴 → 가격 상승 → 거품 발생 → 붕괴'를 거듭하고 있는 것이다.

이러한 반복은 역사적인 사실을 통해서도 충분히 증명해 보일 수가 있다. 17세기 네덜란드의 튤립 투기나 1720년대 영국의 사우스 시(South Sea) 사태, 이로부터 100여 년 후인 1840년대 미국의 철도 버블이 너무나도 똑같이 이러한 양상을 보였다.

여기서 그치지 않는다. 역사는 반복된다는 말은 특히나 자본시장에서 그대로 적용되는 것 같다. 자동차와 라디오라는 획기적인 신기술의 발명으로 불을 지폈던 1920년대 미국의 '광란의 20년대'(Roaring Twenties)가 대공황으로 연결된 것이나, 1980년대 일본의 버블경제와 뒤이은 '잃어버린 10년', 그리고 가장 가까운 예로 20세기 말 닷컴 붐과 주가폭락 사태는 이러한 자산가격의 변화 패턴이 너무나도 똑같다는 것을 보여준다.

이렇듯 자본시장은 언제나 성장에 대한 희망을 바탕으로 가격이 상승하다 이것이 어느새 거품으로 발전(?)하고, 어느 날 갑자기 붕괴라는 파국으로 치닫다가 다시금 성장에 대한 희망이 가격 상승으로 이어지는 역사를 반복해왔다. 그러므로 이러한 자산가격 반복의 원인과 속성을 잘 이해한다면, 우리는 거품과 붕괴의 피해자가 아닌 붕괴 후 성장과 상승의 주역이 될 수 있을 것이다.

자산가격은 어떻게 형성되는가

처음에 자산가격은 해당 자산의 본질가치(그 자산의 내재된 가치)를 그대로 반영하는 선에서 형성된다. 그렇다면 본질가치란 무엇인가? 통상 영어로는 '펀더멘털'(fundamental) 가치라고도 하는데, 이는 곧 해당 자산이 미래에 가져다 줄 현금흐름을 이자율로 할인한 가격을 말한다.

쉽게 설명을 해보자. 예를 들어 1년 후 만기가 되면 110만 원의 원리금(원금+이자)을 현금으로 받을 수 있는 예금통장이 있다고 하자. 그런데 이 예금통장의 금리(이자율)는 10%이다. 그럼 현재 시점에서 이 예금통장에는 얼마의 원금을 예치해야 할까? 더도 말고 덜도 말고 딱 100만 원만 예치하면 된다. 그래야 100만 원의 10%를 계산해서 1년 후 이자가 10만 원 붙게 되고, 결론적으로

110만 원을 가져갈 수 있는 것이다.

이자율이 10%일 때 100만 원을 예치하면 1년 후 110만 원을 가져갈 수 있는 예금통장, 물론 이 또한 자산이다. 채권이나 주식, 부동산과 같은 반열에 있는 자산인 것이다. 예금통장에 100만 원을 예치한다는 것은 달리 표현하면 100만 원을 주고 예금통장이라는 자산을 사는 것이다. 달리 말해 예금통장이라는 자산의 현재 가격은 100만 원이라는 것이다. 따라서 어떤 사람이 이 예금통장을 150만 원에 사겠다고 하면 비싸게 사는 꼴이 되어 손해를 보게 될 것이며, 50만 원에 사겠다고 하면 싸게 사는 꼴이 되어 이득을 보게 된다.

다시 말해 1년간 110만 원의 원리금을 10%로 할인을 하여 산출된 100만 원이란 가격이 이 자산의 적절한 가격이다. 바로 이것을 이 자산의 본질가치라고 한다.

본질가치는 이자율의 변화와 반비례한다

처음 형성되는 자산가격인 본질가치는 미래에 가져다 줄 현금흐름을 이자율로 할인한 가격이라고 했던 것을 기억하는가. 자, 여기서 우리는 두 가지 중요한 사실을 발견하게 된다. 그 첫 번째는 해당 자산이 미래에 가져다 줄 현금흐름의 전체 크기가 커질수록, 자산가격이 높아진다는 것이다. 1년 후 받을 원리금이 110만 원이 아니라 220만 원이라면, 같은 10% 이자율의 예금통장이라고 해도 적정한 가격은 100만 원이 아닌 200만 원이 되어야 하기 때문이다.

두 번째로는 이자율이 낮아질수록 자산가격은 높아진다는 것이다. 다시 말해 자산의 이자율이 10%가 아니라 20%임에도 불구하고 1년 후 받게 될 원리금이 여전히 110만 원이라면, 현재시점에서 가격은 100만 원이 아니라 92만 원이어야 한다. 왜냐하면 '92만 원×20%'의 이자가 18만 원이고, 따라서 1년 후 원금과 이자의 합계가 110만 원이 되기 때문이다.

물론 이자율이 5%인 경우에는 그 반대다. 해당 자산의 현재시점 가격은 105만 원으로 오히려 올라가게 된다. 그래야 1년 후 이자(105만원×5%)인 5만 원을 합산하면 110만 원이 나오게 되기 때문이다.

여기서 우리는 재미있는 사실을 발견할 수 있다. 미래에 현금을 창출하는 자산의 가격은 이자율의 오르내림과 반대 방향으로 움직인다는 것이다. 그러므로 우리는 자산을 만들기 위한 투자 행위를 할 때 무엇보다도 금리의 움직임에 유념해야 한다.

물론 자산의 가격이 전적으로 금리에 의존하지는 않겠지만(어차피 이 세상에는 엄청난 변수들이 도사리고 있으므로, 어떤 결과가 한 가지 원인에 의해서만 발생하는 경우는 거의 없다), 그래도 상당 부분이 금리의 변화에 영향을 받는다. 때문에 금리의 오르내림을 가늠하지 않고 자산투자에 임하는 것은 마치 손전등 하나 없이 어두운 산길을 가는 것과 다름없다고 하겠다.

자, 당신은 언제 자산을 사야 할지가 고민인가. 금리가 꼭지일 때 사라. 그때의 자산가격이 가장 싸기 때문이다. 10여 년 전 IMF 구제금융 때를 생각해보라. 당시 이자율이 25%를 넘어섰다. 그때 집값이 어땠으며 주가가 어떠했는가를 지금과 비교해서 잠깐만 생각해본다면, 그 이치를 쉽게 수긍할 수 있을 것이다.

'버블'에 대처하는 우리의 자세

장밋빛 환상이 자산의 가격 상승을 부른다

자산가격이 금리의 오르내림에 의해서만 영향을 받는다면 세상은 좀더 단순하고 무미건조했을지도 모른다. 하지만 자산가격은 또 다른 변수에 의해 움직인다. 경제가 발전하고 사람들이 미래에 대해 막연히 장밋빛 희망을 품기 시작하면서 자산가격은 본질가치를 넘어서서 그 이상으로 올라가기 시작한다.

이러한 현상은 자산 고유의 기능인 미래의 현금흐름 창출과는 상관없이 해당 자산을 다른 사람에게 팔 수 있으며, 이를 통해 단시간에 큰돈을 벌 수 있다는 강력한 믿음이 사람들 사이에서 유포

되기 시작하면서부터 나타난다.

원래 자산이란 그것을 계속해서 소유함으로써 그 자산으로부터 안정적인 현금흐름을 기대하는 게 일반적이다. 예컨대 주식을 소유했다면 1년마다 배당금을 기대하고, 건물을 소유했다면 매달 임대료를 기대하는 것 말이다. 하지만 경제가 나아질 것이라는 확신에 찬 자신감과 미래에 대한 막연한 기대감은 사람들로 하여금 다른 생각을 하게 만든다. 바로 자산을 보유하지 않고 남들에게 바로 매각을 하면 단기간 내에 큰돈을 취할 수 있다는 것이다.

물론, 이러한 계산은 해당 자산을 매수할 제3자가 나타나야 가능하다. 하지만 제3자들 역시 장밋빛 미래에 취해 있어, 또다시 동일한 자산을 언젠가는 더 높은 가격으로 또 다른 3자에게 매각할 수 있을 것이란 막연한 믿음을 갖고 이러한 거래에 동참하게 된다. 이렇게 되면 원래 자산의 본질가치인 미래의 현금흐름의 총합(을 현재가치로 할인한 가격)보다도 훨씬 더 높은 가격으로 거래에 거래가 거듭되는 것이다.

솔직히 여기까지도 문제가 있다고는 할 수 없다. 이렇게 수익을 올리는 것을 '캐피털 게인'(Capital Gain)이라고 하는데, 이것역시 투자의 일부분이기 때문이다. 다른 시대에 다른 이데올로기가 지배하는 경우라면 몰라도 자본주의 사회에서는 이러한 캐피털 게인을 어느 정도 인정하는 분위기이다.

가까운 예를 들자면 주식에서 몇 년 째 배당금이 거의 지급되지 않은 경우를 볼 수 있을 것이다. 엄격하게 말한다면 이러한 주식은 배당을 통해 현금을 창출하는 자산의 기능을 제대로 하지 못한 것이다. 따라서 본질가치 측면에서 자산가격을 따지고 든다면 거의 제로(0)에 가깝다고 할 수 있다.

하지만 실상은 그렇지 않다는 것을 우리는 역시 잘 알고 있다. 말하자면 이런 것이다. 미래에 이 주식을 발행한 회사의 실적이 높아질 것으로 생각한다면 이를 좀더 높은 가격을 주고라도 사겠다는 사람이 나타날 것이다. 그러면 그에게 팔아서 캐피털 게인을 얻을 수 있을 것이라는 계산으로 일정 가격을 치르고 이 주식을 사는 것이다. 어느 정도까지가 합리적 적정선인가에 대해 이견은 있겠지만 여하튼 이런 방식으로 매매거래를 통해 형성되는 자산가격 또한 문제될 것은 없다. 이를 공인하고 인정한 것이 주식시장이며, 부동산시장 아닌가!

따라서 비록 미래의 장밋빛 환상에 의해 특정 자산시장에 사람들이 몰려들고 거래가 빈번해져서 자산가격이 본질가치 이상을 뛰어넘는다고 해도, 그것이 이해할 수 있는 수준이라면 투자자는 이 시장에 뛰어들어 캐피털 게인을 적극적으로 취해야 한다고 생각한다. 2001~2003년의 사이의 아파트 시장이 바로 그랬다. 이때 아파트의 본질가치만을 운운하며 가격 상승을 비난한 사람보다는 시장의 폭발적인 상승 무드에 동참했던 사람이 더 현명했다고 볼 수 있는 것이다.

버블의 경고는 어디서 시작되는가

문제는 그 다음부터다. 경기호황에 대한 장밋빛 환상이 자산가격의 상승으로 이어지게 되면서 금융시장에 동반되는 현상이 있다. 그게 바로 금리인하이다. 누가 먼저랄 것도 없고 누가 계획한 것도 아니다. 어쩌면 자연스런 현상인지도 모른다. 오르는 자산가격을 보며 이제 사람들은 빚을 내어서라도 그 자산을 사고 싶어하는 욕구에 이끌리는 것이다. 이런 욕구를 간파한 금융기관은 좀더 많은 실적을 내기 위해 이들에게 돈을 빌려주기 시작한다.

이제부터 사람들은 자신의 돈이 아닌 남의 돈을 빌려 자산시장으로 뛰어들기 시작한다. 본질가치는 잊은 지 오래다. 적정한 수준의 캐피털 게인도 염두에 두지 않는다. 자산가격은 계속 오를 것이라는 터무니없는 믿음이 수많은 사람들을 최면 상태에 빠져들게 만든다. 어쨌든 자산을 사놓기만 하면 또 다른 사람이 나타나 자신의 자산을 좀더 높은 가격에 다시 사줄 것이란 망상에 빠지는 것이다.

금융기관은 이때다 싶어 대출 세일을 하기 시작한다. 더욱더 금리를 낮추어 가며 피 튀기는 대출경쟁 체제로 뛰어드는 것이다. 그야말로 악순환의 늪에 빠지는 것이다. 낮은 금리에 현혹된 사람들은 더욱더 '레버리지'를 일으켜(즉, 대출을 해서) 자산 매수에 뛰어들게 된다. 이윽고 사겠다는 사람이 몰려들면서 자산가격은 천

정부지로 오른다. 각종 언론에서 대서특필을 한다. 마치 피겨스케이팅에서 김연아 선수가 우승을 휩쓸었을 때처럼 흥분된 어조로 승승장구하는 자산시장을 찬양하기만 하는 것이다.

이제 자산가격 상승으로 성공한 사람들의 무용담이 흘러넘친다. 이른바 거품의 시작이다. 그렇다. 자산에 투자를 하고 싶은 사람이라면 이때를 조심해야 한다. 시장에서 주택담보대출이나 주식담보대출 등의 용어가 나돌기 시작하면 그때부터 자산 매입은 잠시 중단해야 한다. 쉬는 것도 주요한 투자의 기술이라는 투자 격언이 딱 들어맞는 시기인 것이다. 하지만 불행히도 대부분의 사람들이 이 시점에 자산 매수에 적극 참여하게 된다. 모름지기 절대 하지 말아야 할 일을 해버리는 게 문제인 것이다.

버블은 반드시 붕괴한다

빌린 돈으로 시장에는 돈이 넘쳐난다. 자산가격은 엄청나게 올라 있다. 금리인하와 장밋빛 경제전망은 자산가격도 올리지만 물가도 따라 올린다. 돈이 흔해지고 자산가격이 급상승한 것이 바로 물가상승(인플레이션)이기 때문이다. 인플레이션이 가속화되면 서민경제가 어려워진다. 그러면 물가를 잡기 위해서 급기야 정부가 개입을 한다. 바로 금리인상 정책이다. 앞서 말했듯이 금리(이자율)

의 방향과 자산가격(물가)의 방향은 반대로 움직이기 때문이다.

여기서 정부의 정책이 제대로 시장에 작용하면 그나마 자산가격이 안정을 찾게 된다. 하지만 이미 부풀어 오른 거품이 그렇게 쉽게 안정되기는 힘들다. 안으로 곪아가던 일본의 버블경제가 결국은 밖으로 터져버린 계기가 된 것도 일본 대장성의 금리인상 정책이었다.

물가를 잡기 위해 도입되는 금리인상 정책으로 뒤늦게 대출을 받아 자산 매입에 뛰어든 사람들은 대출이자 상환에 엄청난 부담을 느끼기 시작한다. 특히나 자산가격이 안정되면서 담보가치 또한 떨어지므로 쌍방의 부담을 겪게 된다. 여기서 못 견딘 사람들이 자산을 급매로 내놓기 시작한다. 처음엔 이러다 말겠지 하는 눈치다. 하지만 이런 식의 매도가 늘어나면서 사람들은 그 동안 꿈꿔온 근거 없는 망상에서 깨어나기 시작한다.

그리고 더 이상 높은 가격에 자산을 사줄 사람이 나타나지 않을 것이란 불안감과 해당 자산에 내재된 미래 현금흐름이 기실은 얼마 되지 않는다는 사실을 깨닫는 그 순간, 사람들은 공황상태에 빠져든다. 욕망과 망상이 사라진 자산시장에다 사람들은 보유하고 있는 자산을 모두 팔기 위해 내놓는다.

하지만 불행히도 그것을 사줄 사람은 아무도 없다. 버블 붕괴다. 마치 한여름 밤의 꿈처럼 사람들은 손쓸 겨를조차 없이 폭락의 나락으로 빠져들게 되는 것이다. 자산 축적이라는 목표에만 눈이 멀어 이러한 자산가격의 속성을 파악하지 못한 사람들이 낙오자로 전락하는 순간인 것이다.

사실 버블 형성기에는 대부분의 사람들이 이런 생각을 한다고 한다. "그래 자산가격이 너무 오른 것은 나도 알아. 하지만 거품이 꺼지기 전에 좀더 높은 가격으로 팔고 나가면 되는 것 아냐?" 일견 옳은 생각인 것 같다. 하지만 문제는 사람들이 버블 시기에 꿈꿨던 근거 없는 장밋빛 환상에서 깨어나는 속도가 너무 순식간이란 데 있다. 그 찰나의 순간을 미리 간파하고 대처를 할 사람은 지구상에 아무도 없다고 해도 과언이 아니다. 결국은 폭탄 돌리기에 걸려들어 자폭을 하게 되는 것이다.

다시 말하지만 버블 형성기부터 자산 투자는 잠시 중단을 해야 한다. 왜냐하면 거품이 꺼지고 폭락의 시기가 지나가면 또다시 어김없이 자산가격 상승의 시기가 찾아오기 때문이다. 버블이란 다음 기회를 잡기 위한 동면의 시기란 것을 항상 명심할 필요가 있다.

우리는 역사적으로 힘든 상황에서 발전의 기회를 발견해왔다. 자산 버블붕괴의 역사도 예외는 아니다. 현명한 자산 축적을 위해서 필요하다면 버블 붕괴에 대한 책들을 찾아보며 공부를 해볼 필요도 있을 것이다. 특히 추천할 만한 책으로는 《금융투기의 역사》(에드워드 챈슬러 著), 《광기·패닉·붕괴 금융위기의 역사》(찰스 P. 킨들버거 著)나 일본의 《헤이세이 버블의 연구》 등이 있다.

현재 재무 상태를 점검하라

평소에 건강 관리에 관심을 갖지 않다가도, 회사에서 실시한 정기 건강검진 결과가 나오면 그때서야 건강 관리에 조금씩 신경을 쓰기 시작하는 사람들이 많다. 간 기능과 관련된 수치가 높다거나 혈당이 높다거나 하는 '수상한' 결과가 나오면, 그나마 인터넷을 뒤져 어떤 음식을 섭취해야 좋을지도 알아보고 아침 일찍 일어나서 운동장이라도 한 바퀴 더 돌곤 하는 것이다. 이러한 관심이 계속 지속되면 좋으련만, 대체로 그렇지 못한 게 안타깝지만 말이다.

자산을 축적하고 돈을 버는 것도 마찬가지다. 돈 버는 데 관심을 갖기 위해서는 먼저 자신의 현재 재무 상태를 점검해보는 것도 좋은 방법이다. '지금 급여 수준이 평균 이상은 되니까 막연히 어떻게든 되겠지'라고 생각하고 있다가도, 막상 조목조목 계산을 해보면 의외의 결과가 나오기 십상이다. 그러면 현재 자신의 무계획적인 자산 관리에 경각심도 생기고, 이래서는 안 되겠다는 생각에 돈 버는 데 관심을 갖게 될 것이다.

이러한 재무 상태 점검은 돈 버는 것에 대한 관심을 높일 뿐만 아니라, 향후 체계적으로 자산 축적을 하는 데 중요한 기초 자료가 되기도 한다. 기업에서도 매년 재무제표를 만든다. 물론 기업의 1년간의 재무 상태나 경영 실적을 점검해보는 목적도 있다. 그러나 그보다는 그것을 바탕으로 미래의 경영 계획을 세우는 데 더 큰 목적이 있지 않은가. 지금부터 자신의 재무 상태를 어떻게 점검해보고, 앞으로 어떻게 계획을 세우는 것이 좋을지에 대해 알아보자.

총자산과 총부채를 계산하자

우선 당신의 재무 상태를 총자산과 총부채로 나누어 기재해보자. 그럼 그 차액이 순자산이다. 만약 당신이 6억 원이나 하는 집을 소유하고 있고, 3천만 원이나 하는 고급승용차를 가지고 있고, 5천만 원 상당의 예·적금이나 펀드, 보험상품을 소유하고 있다고 하자. 언뜻 보기에 당신은 상당한 자산가로 보일 것이다. 어느 덧 당신 스스로도 그런 좋은 집과 좋은 차에 익숙해져, 이만하면 최상은 아니지만 경제적으로 넉넉한 수준에 올랐다고 착각할 수 있다.

하지만 당신이 구입한 집의 주택담보대출이 2억 원이나 되고, 자동차 또한 매달 50만 원의 할부금이 나가며, 이래저래 신용대출을 받은 게 3천만 원은 족히 된다면, 당신의 순자산은 결코 많은 것이 아니다. 부채의 거품에 붕 떠서 착각에 빠져 있는 것이다. 따라서 재무 상태를 점검할 때는 반드시 냉정할 정도로 조목조목 목록을 만들어, 총자산과 총부채를 계산해볼 필요가 있다. 지금이라도 당장 계산기를 두드리거나, 엑셀 프로그램을 열어서 냉정하게 따져보자.

현재 금융상품의 미래가치를 계산해보자

현재 재무 상태를 계산했다면, 그 수치가 어느 정도의 가치가 있는지 알기 위해 몇 가지 계산을 더 해볼 필요가 있다. 우선은 현재 가입해놓은 금융상품이 미래 특정 시점에서 얼마큼의 가치로 불어나 있을까를 계산해보자.*

여기서 미래 특정 시점이라는 것은 해당 금융상품의 용도에 따라 제각기 다를 것이다. 자녀 교육비를 마련하기 위해 가입한 '어린이·청소년 펀드' 같은 상품은 당신의 자녀가 각각 진학하는 시점이 될 것이며, 내 집 마련을 위해 모으는 자금은 내 집 마련 시기가 될 것이다. 마지막으로 최종 금융상품의 만기는 당신이 은퇴를 하는 시기일 것이다. 그 이후로는 수입이 급격히 줄어들기 때문에 그 동안 모아놓은 자산들을 처분해서 노후생활 자금에 충당해야 하니 말이다.

물론 미래는 여러 가지 변수가 많은 것이 사실이다. 특히 내 집 마련 시기나 그 당시의 집값은 정확히 알기가 어렵다. 은퇴의 시기나 은퇴 후 얼마를 살 수 있을지도 확실치가 않다. 그럼에도 자신의 상태를 점검해보고 미래의 실현 가능한 계획을 세우려면, 이러한 시뮬레이션은 반드시 필요하다.

예상 노후 자금을 계산해보자

자, 이렇게 현재의 재무 상태와 앞으로 불어날 재산에 대해 계

Note

* 미래가치 : 화폐를 일정 기간 빌려주면 이자를 받게 된다. 따라서 현재 시점에서의 100원과 미래 시점에서의 100원은 가치가 다르다. 현재 시점에서 보유한 금액과 동일한 가치를 갖는 미래 시점의 금액은 원금에 이자를 더해준 것이다. 이를 미래가치라 한다.

산을 해보았다. 물론 앞으로 불어날 재산은 현재 가입해놓은 금융 상품들을 기준으로 한 것이다. 그럼 마지막으로 당신과 당신 배우자가 함께 할 예상 노후 자금을 계산해보자. 현재의 물가 수준을 기준으로 한 달에 얼마가 필요할지에 대해 말이다.

세상에 어느 누구도 노후에 밥만 먹고살기를 바라지 않을 것이다. 차라리 젊었을 때 허리띠를 졸라매지, 늙어서 그러고 싶지 않을 것이다. 노부부가 가끔 공연도 관람하고 1년에 한두 번은 해외여행도 갔다 오고, 정기적으로 건강검진도 받아야 할 것이다. 이러한 것들을 고려해 한 달에 얼마의 생활비가 들지 가늠해보자.

예를 들어 80세까지 산다고 가정하고 60세에 완전히 은퇴를 한다면, 20년간 어느 정도의 자금이 소요될지 계산할 수 있을 것이다. 여기다 물가상승률을 고려해야 한다. 그런 후 이를 은퇴 후 생활의 시작 시점인 60세로 현재가치 할인을 하게 되면, 노후에 필요한 총 예상 자금이 나온다.

합리적인 사람이라면 현재의 소비를 포기하는 대가로 미래에 '+α'의 수익을 원하게 된다. 이를 공식으로 정리해보면, '현재(100원)=미래(100원+α)'가 된다. 다시 말해 현재 100원의 가치는 미래 100원의 가치보다 크다는 것이다.(현재가치〉미래가치).

현재가치와 미래가치의 이러한 상관관계를 알았다면, 우리는 미래에 110원이 현재에 얼마의 가치가 있는지를 계산해볼 수 있다. 이렇듯 미래의 금액을 기준으로 현재에 동일한 가치의 금액을 구하는 것을 '현재가치 할인'이라고 한다.

예를 들어보자. 1년 정기예금의 이자율이 10%라고 하자. 당신은 현재 빵을 사먹을 수 있는 권리를 포기하는 대신에, 이 돈을 정기예금에 넣었다. 그리고 1년 후에 110원을 받게 된다면, 당신은 현재 얼마의 돈을 가지고 있는 것일까?

여기에서 당신은 '현재가치(V)=110원/(1+10%)'라는 공식을 사용해서 현재가치(V)가 100원이라는 것을 구할 수 있다. 즉 1년 후 미래의 110원은 현재의 100원과 같은 가치를 갖는다는 것이다. [현재(100원)=미래(100원+10원)]

이러한 공식을 이용하면 1년 후뿐만 아니라 2년, 3년, 10년, n년 후의 미래의 금액을 현재가치로 할인하여 구할 수 있다. 일반적으로 i년(i=1, 2,⋯, n)의 시점에 발생하는 금액을 R_i라 하고 i년의 이자율을 r_i라 할 경우, R_i의 현재가치(V)는 다음의 공식으로 구할 수 있다.

$$V= \frac{R_1}{1+r_1} + \frac{R_2}{(1+r_1)(1+r_2)} + \cdots\cdots$$

$$+ \frac{R_n}{(1+r_1)(1+r_2)(1+r_n)}$$

노후에 필요한 자금을 구할 때도 '현재가치 할인'이 적용된다. 예를 들어 당신이 60세가 되는 시점에서 필요한 금액이 5억 원(R_{60})이라고 하자. 하지만 이 5억 원은 현재의 5억 원과 다른 가치를 갖는다. 따라서 60세가 되는 미래의 5억 원이 현재 얼마의 가치가 있는지를 알기 위해서는, 위의 공식을 이용하여 현재가치로 할인해줘야 하는 것이다.

예상 노후 자금과 현재 재산의 차액을 구하자

이제 서서히 당신의 재무 상태에 대한 윤곽이 보인다. 당신이 계산한 노후 자금에다 현재 재무 상태와 보유 금융상품의 미래가치의 차액을 구해보자. 예컨대 노후에는 7억 원의 자금이 필요할 것이라 예상되는데, 현재 당신은 3억 원을 갖고 있고 가입해놓은 금융상품은 앞으로 2억 원으로 불어날 것이라 가정해보자. 이렇게 되면 당신은 노후에 2억 원만큼의 적자인생을 살게 될 것이라는 결론이 나오는 것이다.

이때도 주의해야 할 것이 있다. 각각의 자금의 시점을 하나로 통일하는 것이다. 다시 말하면 물가상승이나 이자 등으로 인해 현재의 100원과 미래의 100원은 같은 것이 아니기 때문에, 현재 시점을 기준으로 해서 할인해줘야 하는 것이다.

대부분의 사람들이 이런 방식으로 재무 상태를 점검해보면, 자신이 현재 모은 재산이나 앞으로 모을 것이라고 예상한 재산이 턱없이 부족하다는 것을 새삼 느끼게 된다. 긴장하지 않을 수 없는 순간이다. 그러나 이렇게 긴장도 하고 필요를 느껴야 돈 버는 데 관심을 갖게 되고, 수입을 얼마나 늘려야 할지 은퇴를 언제쯤 해야 할지 구체적인 계획을 세우게 되는 것이다.

전문가의 도움을 받자

재무 상태 점검은 개인마다 사정이 다르고 수입이 다르고 필요가 다르기 때문에 자신이 직접 해야 한다. 그러나 현재가치 할인이나 물가상승률 계산 등에 대한 재무지식이 없는 사람이 혼자 하기란 쉽지가 않다. 이런 경우 보험사나 은행, 증권사 같은 곳의 재무설계사(FP : Financial Planner)를 찾아가 도움을 요청하면, 한층 수월하게 계산해볼 수가 있다.

물론 세상에는 공짜가 없다. 금융상품에 가입하지도 않고 달랑 재무 상태 계산만 해달라고 하면 좋아할 재무설계사가 몇 명이나 될까? 하지만 금융상품에 가입하는 게 당신에게 이득이 되면 됐지, 손해가 될 리는 없다. 그러니 지금이라도 금융기관의 문을 두드려보라.

약식으로 계산을 해보는 방법이 인터넷에 있긴 하다. 은행 등 금융기관 홈페이지나 포털사이트에 들어가면 노후 자금을 계산해주는 서비스가 있다. 정확한 재무설계는 아니더라도 대략적인 계산은 가능하므로, 한 번쯤 이용해보는 것도 좋은 방법이다.

24

재테크 이전에 재무설계다

'인생 3대 자금'이란 게 있다. 우리가 살아가는 데 있어 가장 큰 비중을 차지하는 세 가지 비용이다. 주택마련 자금, 자녀교육 자금, 그리고 노후생활 자금이 그것이다. 자산 만들기를 하기 전에 우선 이 3대 자금의 세부 항목을 만들어보고, 해당 지출이 언제쯤 발생할지에 대해 정리를 해볼 필요가 있다. 그래야 그 돈을 마련하기 위한 구체적인 방안이 나오기 때문이다.

우선 3대 자금이 지출되는 시기와 규모를 수입과 비교해놓은 그래프를 보자(〈그림 7〉 참조). 그래프를 살펴보면 일반 직장인의 수입은 40대를 정점으로 점차 줄어들고, 50대 후반에 들어서면 은퇴로 인하여 수입 중에서 가장 비중이 컸던 급여가 중단되는 것

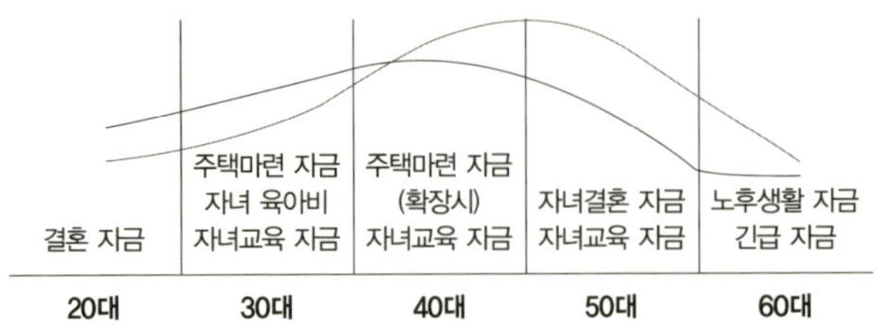

을 알 수 있다.

반면에 지출의 그래프는 다르다. 30대에 주택마련 자금의 비중이 커서 지출이 증가하지만, 이때는 그나마 여유가 있다. 그러다가 40대에 이르면 사태가 심각해진다. 자녀들이 커가면서 주택도 조금은 넓혀야 하는 데다, 이때부터 본격적으로 자녀교육 자금이 들어가기 시작하는 것이다. 그리하여 지출이 급격히 증가하게 된다. 이러한 추세는 50대 초반에 자녀결혼 자금까지 가세하여 정점을 이룬다. 그러다 실질적인 수입이 사라지는 60대에 이르면 이번엔 노후생활 자금이 떡하니 버티고 있다. 여전히 수입보다 지출이 더 많은 것이다.

그래프를 보면 알 수 있듯이, 30대를 거쳐 40대 초반에 이르기까지는 전반적으로 지출보다 수입이 많다. 따라서 여기서 생기는 잉여분을 재테크를 통해 어떻게 잘 불려나가느냐에 따라 40대 중반부터의 '지출〉수입' 현상으로 인한 차이를 메울 수 있다. 물론

40대 초반까지의 '지출〈수입' 현상도 알뜰하게 가계를 꾸려나갈 때만 가능하다는 것을 명심하자.

그러나 이는 대략적인 내용만 설명한 것이다. 실제로는 자녀의 수에 따라, 사는 지역에 따라, 그리고 노후에 어떠한 수준의 생활을 계획하느냐에 따라 각 가정마다 인생 3대 자금의 규모와 지출 시기가 제각각 다르다. 그러므로 막연히 '대박'이나 '족집게 재테크'를 좇기보다 당장이라도 자신만의 재무설계를 해보는 것이 급선무일 수 있다.

그 다음은 기간을 나누어 자금 계획을 세울 차례다. 앞의 인생 3대 자금을 근간으로 하여 자금 계획을 세우되, 필요한 시기에 따라 그 기간을 나누어 세부적인 자금 계획을 짜는 것이 효율적이라 하겠다. 우선 1년 미만의 단기, 3~5년 사이의 중기, 10년 이상의 장기로 나누어보자.

> **tip 자금 계획을 세우자**
>
> - 단기 자금 : 각종 경조사비, 기타 급전 등
> - 중기 자금 : 차량구입 자금, 자녀교육 자금 등
> - 장기 자금 : 주택마련 자금, 노후생활 자금 등

이렇게 대략적으로 나눈 다음, 각각의 항목별로 어느 정도의 자

금이 소요되는지 고려해서 거기에 맞는 합리적인 재테크 계획을 세워보자.

예를 들어 단기 자금의 경우 급여통장을 금리가 높은 'CMA' 로 바꾸고, 목돈의 경우는 6개월 미만의 만기를 가지고 있는 '발행어음' 등의 상품에 투자하는 식으로 말이다. 중기 자금의 경우는 2~3년 적립하면 빛을 발하는 '적립식 펀드'나 시중 은행보다 높은 금리를 제공하는 '상호저축은행 예ㆍ적금' 같은 상품으로 목돈을 모으는 것도 하나의 방법일 것이다. 장기자금의 경우는 각종 '연금상품', '장기주택마련금융상품' 등을 활용하여 내 집 마련이나 노후생활에 대비할 돈을 모아나갈 수 있을 것이다.

미래에 무슨 일이 벌어질지 그 누구도 알 수 없다. 하지만 이렇게 미리 자신의 향후 수입과 지출을 비교해보고 앞으로 소요될 자금을 기간별로 나누어 거기에 맞는 재테크 계획을 세운다면, 보다 합리적이고 효율적인 재테크를 할 수 있을 것이다.

건물도 설계가 제대로 되어야 뒤탈이 없다. 대부분의 세상사가 다 그렇다. 그럼에도 정작 세상에서 가장 소중한 내 가족의 미래에 관한 재무설계도 아직 하지 않고, 주먹구구식으로 가계를 운영하고 있지는 않은지 점검해볼 일이다.

노후 자금 마련의 지름길, 연금보험

　　노후 자금을 마련하기 위해 가장 우선적으로 고려해야 할 것이 있다면, 그것은 바로 연금상품이다. 보험사에서 판매하고 있는 연금상품으로는 '연금저축보험'과 '일반연금보험'이 있다. 두 상품은 보험과 연금이 결합된 상품으로 노후 자금을 마련하는 데 적당하다. 아울러 비과세와 소득공제 등 세제 혜택도 받을 수 있어, 이 상품을 활용한 세테크도 가능하다. 그럼 이 두 상품은 어떠한 특징과 차이점이 있는지 살펴보자.

연금저축보험 Vs. 일반연금보험

연금저축보험은 기본적으로 보장이 없는 순수 연금상품이다. 다만 보험사에서 운용하는 상품이므로, 가입자가 원한다면 보장내용을 특약을 통해 추가할 수 있다. 반면 일반연금보험의 경우는 연금 수령 전이라도 보장을 받을 수 있다. 다만 보장을 해주는 만큼 가입자가 납입한 보험료에서 위험보험료를 차감한 금액이 적립된다.

따라서 동일한 사업비(보험상품에는 통상 사업비라는 비용이 들어가는데, 보험설계사들이 보험을 팔면 지급하는 비용이나 광고선전비, 기타비용 등을 말한다)와 이율을 가정했을 경우, 연금저축보험(보장 관련 특약을 넣지 않는 경우)에 적립되는 적립금이 더 높다. 하지만 현재 시중에 나와 있는 일반연금보험의 경우 그 이자(공시이율)가 연금저축보험보다 0.1% 가량 높기 때문에, 실제로 연금을 수령하는 시점에서의 적립금액은 거의 비슷하다고 봐야 한다.

소득공제 혜택 & 비과세 혜택

연금저축보험은 연간 납입한 보험료에 대해 최고 300만 원 한도까지 소득공제를 받을 수 있는 세제 적격 연금상품이다. 따라서 급여를 받는 직장인의 경우 세테크를 하기에 안성맞춤인 상품이라 하겠다. 반면 일반연금보험의 경우 세제 비적격 연금상품으로 소득공제에 대한 혜택은 없다.

또한 연금저축보험은 소득공제 혜택이 있는 대신, 실제 연금을 수령할 때는 비과세 혜택이 없다. 따라서 연금 수령 시 이를 연금소득으로 처리하여 5.5%(주민세 포함)의 세금을 납부(원천징수)해야 한다. 또한 국민연금, 공무원연금 등의 연금액을 합산한 연금소득이 600만 원을 초과할 경우, 최소 8~35%의 누진세율을 적용받아 추가로 징수될 수 있다.

반면 일반연금보험의 경우, 소득공제 혜택이 없는 대신 가입한 지 10년이 지나면 비과세 혜택이 있다. 다시 말해 연금 수령 시 세금을 떼지 않는 것이다. 따라서 급여생활자가 아니라면, 소득공제 혜택이 주어지는 연금저축보험보다는 비과세 혜택이 주어지는 일반연금보험에 가입하는 것이 더 유리할 듯하다.

연금저축보험의 경우, 중도해지 시 받은 해약환급금의 22%를 기타소득세로 내야 한다. 게다가 가입한 후 5년 이내에 해지할 경우에는 총 납입액의 2.2%에 해당하는 해지가산세까지 추가로 내야 한다. 그러므로 자금 계획을 충분히 세워 가입하지 않으면 낭패를 볼 수가 있다.

일반연금보험의 경우, 중도해지에 따른 과세는 없다. 다만 가입한 후 10년 이내에 해지를 할 경우, 납입 금액과 해지 시 받는

금액과의 차이만큼 이자소득으로 인정하여 이자소득세 15.4%를
내야 한다.

이왕이면 다홍치마

자, 이렇게 연금저축보험과 일반연금보험의 차이점을 알아보
았다. 이왕이면 다홍치마라고 했다. 노후 자금 마련을 위해 연금
상품에 가입할 경우, 급여생활자 입장에서는 당장에 소득공제가
되는 연금저축보험을 택하는 게 좋다.

하지만 소득공제는 연간 총 300만 원까지다. 즉, 매월 25만 원
에 해당하는 금액이다. 따라서 그 이상의 금액을 납입해봤자 추가
적인 소득공제는 받을 수 없다. 그러므로 그 이상의 금액을 납입
할 여건이 된다면, 연금수령 시 비과세 혜택이 있는 일반연금보험
에 추가분을 가입하는 것이 더 유리하다.

그 외의 연금상품으로는 은행의 '연금저축신탁', 자산운용사의
'연금저축펀드'가 있다. 운용하는 주체는 달라도 보험사의 연금
저축보험과 비슷한 상품이다. 다만 연금저축신탁은 안정적이나
수익률이 낮고, 연금저축펀드는 수익률은 높으나 다소의 위험이
따른다는 것, 연금저축보험은 보장을 특약으로 넣을 수 있다는 것
등이 다르다. 이는 투자자의 성향에 따라 선택을 하면 될 것이다.

덧붙이자면 은행, 보험사, 자산운용사라고 언급한 것은 해당 상품의 운용 주체를 말한 것이다. 각각의 상품은 은행, 보험사, 증권사 등에서 다 함께 팔고 있다. 따라서 은행에서도 연금저축보험을 가입할 수가 있는 것이다.

복리의 힘을 믿어보자

복리, 20세기의 위대한 발견

노후 자금 계산을 해본 당신은 어쩌면 암담한 생각이 들지도 모르겠다. 늘그막에 인간답게, 여유 있게 살다 가고 싶은데 당장 돈을 모을 여력이 안 되니 말이다.

그러다 보니 마음이 조급해져 대박 투자처를 찾아 나설 수 있다. 하지만 대박만 쫓으며 성급하게 달려들다 보면 큰 낭패를 보기 십상이다. 노후 자금을 마련해야겠다고 마음을 먹었다면, 작은 돈이더라도 장기적인 안목으로 또박또박 자산을 축적해가는 방법을 택하는 것이 현명하다.

"아니, 모아야 할 돈은 태산처럼 많은데, 몇 푼 안 되는 이자 받아가며 어떻게 또박또박 돈을 모아나가느냐?"라고 반박을 할 수도 있다. 하지만, 그렇지 않다. 또박또박 모아나가는 돈이 처음엔 작은 것 같지만, 시간이 갈수록 엄청난 규모로 당신에게 돌아가기 때문이다. 바로 '복리(複利)의 힘' 때문이다.

복리에 대해서 많이 듣기는 하지만, 얼마만큼 대단한 힘을 가졌는지 잘 모른다고? 자, 그럼 복리가 얼마만큼 대단한 힘을 가졌는지 살펴보자.

원금의 6배가 붙는다

당신이 1억 원이란 돈을 20년간 예금한다고 하자. 연간 10%의 이자를 준다고 가정할 때, 20년 후에는 1억 원이 얼마로 불어나 있을까? 우선 원금에만 이자가 붙는 단리(單利)로 계산을 해보자. 계산은 간단하다. 매년 1억 원의 10%인 1천만 원이 이자로 붙는다. 그럼 20년 동안 총 2억 원의 이자가 붙게 될 것이다. 따라서 현재의 1억 원은 20년 후 3억 원으로 불어나 있게 된다.

그럼 그렇게 대단하다는 복리의 힘을 빌려보자. 같은 조건으로 예금을 한다. 다만 연간 10%의 이자를 복리로 주는 점만 다르다. 과연 20년 후 예금은 얼마로 불어나 있을까? 우선 1년 후엔 단리와 별반 다를 게 없다. 연간 10%의 이자인 1천만 원이 붙기 때문이다.

하지만 2년 후가 되면서 계산이 조금씩 달라진다. 복리는 이자에 이자가 붙는 계산 방식이다. 다시 말해 원금 1억 원에 10%의 이자가 붙는 것은 당연한 것이고, 거기다 1년 후 붙었던 이자 1천만 원에도 10%의 이자인 1백만 원이 붙는다. 따라서 2년 후에는 예금이 총1억2천1백만 원으로 불어나게 된다. 이런 방식으로 계산하면 3년 후에는 1억3천310만 원으로 불어나게 된다. 단리 방식으로 계산한 예금의 3년 후 금액인 1억3천만 원보다 310만 원이 많은 것이다.

이쯤에서 "애개, 겨우 그 정도 차이 가지고 무슨 복리의 힘이 대단하다고 하냐?"라고 비웃는 사람도 있을 것이다. 하지만 그렇게 업신여기기엔 아직 때가 무르익지 않았다! 10년이 흘렀다. 10년 후에 단리와 복리 방식은 과연 얼마나 차이 날까?

단리의 경우, 이자가 1억 원이 붙는다. 하지만 복리의 경우, 이자에 이자가 계속해서 붙어나가 10년이면 이자가 무려 1억5천937만 원이 된다. 5천만 원 이상이 차이가 나는 것이다. 웬만한 대기업 과장급의 1년 연봉이 왔다 갔다 하는 순간이다.

"뭐, 10년이나 지났는데 겨우 대기업 과장급 1년 연봉밖에 차이가 안나?" 어느 정도 욕심이 있는 사람이라면 또 이렇게 투덜댈 수 있을 것이다. 하지만 좀더 두고 보자. 이제 예정된 20년이 되

구분	1년 후	2년 후	3년 후	…	10년 후	…	20년 후
단리 이자	1,000만 원	2,000만 원	3,000만 원	…	1억 원	…	2억 원
복리 이자	1,000만 원	2,000만 원	3,300만 원	…	1억5937만 원	…	5억7275만 원

었다.

단리 방식은 이자가 2억 원으로 불어나 원리금 총합이 3억 원이 되었다. 하지만 복리 방식의 경우, 이자는 눈덩이처럼 커졌다. 자그마치 5억7천만 원이나 되기 때문이다. 원금의 6배에 가까운 이자가 붙는 순간이다. 결론적으로 말해 20년 후 복리 방식의 예금일 경우, 원리금을 합해 총 6억7천만 원으로 불어나는 것이다. 3억과 6억7천은 엄청난 차이가 아닐 수 없다. 이 얼마나 위대한 힘인가?

이러한 복리의 힘은 어디서 나올까? 다름 아닌 시간의 길이다. 투자하는 기간이 길어 이자에 이자가 붙는 횟수가 많아질수록 이자의 절대금액은 눈덩이처럼 불어나기 때문이다. 이러한 복리의 힘을 실감했다면 우리에게도 서광이 보인다. 자꾸 나이는 먹어가는데 현재 자산을 축적하지 못해 불안한 사람들도 희망을 가질 수 있다. 괜히 다급해져 대박을 좇다가 낭패 당하지 말고 중심을 잡고 재테크를 하자. 장기간의 계획을 세워 개미처럼 또박또박 운용해나가자.

당신이 설령 40대 중반일지라도 은퇴까지는 20년 안팎의 시간이 남아 있다. 물론 30대 중반은 더욱 유리하다. 중요한 것은 당장 시작하는 것이다. 늦었다고 생각할 때가 가장 빠르다는 말도 있지 않은가. 간단하지만 엄청난 힘이 바로 복리 속에 숨어 있으니 말이다.

물론, 복리의 힘을 빌리는 데도 몇 가지 주의해야 할 사항이 있다.

tip 이것만은 꼭 알아두자

● **복리상품인지 여부를 물어보라.**

예·적금이든 펀드나 보험상품이든 복리로 이자를 지급하는 장기상품을 선택해야 한다. 항상 가입할 때 습관처럼 복리상품인지 여부를 물어보도록 하자.

● **이자가 붙는 횟수가 많은 상품을 선택하라.**

이자가 붙는 횟수도 중요하다. 1년에 한 번 붙는 것보다 1개월이나 3개월에 한 번씩 붙는 게 이자에 이자가 붙는 횟수가 많아져, 복리 효과를 더 톡톡히 볼 수 있기 때문이다. 예를 들어 상호저축은행의 정기예금 중 복리상품은 매달 한 번씩 이자가 붙는다. 이 경우 연 5.8%의 이자를 지급한다고 할 때, 1년 동안 0.48%(=5.8%÷12개월)씩

12번 이자가 붙기 때문에 2년이 지나면 실제로는 12.26%의 수익을
얻을 수 있다.

● **물가상승률 이상의 수익률을 주는 상품을 선택하라.**

마지막으로 물가상승률을 고려해야 한다. 장기 재테크의 가장 큰 적
이 바로 물가상승률이기 때문이다. 아무리 이자가 붙어도 매년 물가
상승률을 겨우 넘는 수준일 경우, 세금을 떼고 나면 오히려 실제 수익
은 마이너스가 될 수도 있다. 따라서 물가상승률 이상의 수익이 나오
는 금융상품을 선택해야 한다. 100% 원금보장은 안 되더라도 실적
에 따라 추가적인 수익을 볼 수 있는 펀드나 연금상품이 여기에 해당
된다.

27

선순환 구조가 만들어지고 있는 주식 시장에 주목하라

주식시장이 변하고 있다

5년 전, 어느 재테크 강연회에 참석한 적이 있다. 그곳에서 주식 전문가인 강사가 이런 말을 했다. "우리나라 주식시장은 종합주가지수 500과 1,000 사이에서 박스권을 형성하는 특성이 있습니다. 따라서 지수가 500~600선일 때 무조건 매수를 해서 가만히 들고 있다가 900~1,000대에 접어들면 무조건 매도를 하세요. 그게 주식투자의 비법이라면 비법이라 할 수 있습니다."

하지만 이러한 '박스권 투자전략'도 한물간 이야기가 된 지 오래다. 이제 주가지수는 1,000을 훌쩍 뛰어 넘었고 한때는 2,000을 돌파했으며 지금도 1,500~1,600선을 달리고 있다. 그만큼 주식시장이 변한 것이다.

그런데 주식시장에서 변한 것이 하나 더 있다. 우리나라 주식시장의 주도 세력이 외국인 투자자에서 국내 개인 투자자와 기관 투자자, 즉 내국인 투자자로 넘어오고 있다는 것이다. 얼마 전까지만 해도 외국인 투자자가 우리나라 주식시장을 좌지우지해왔다. 그러다 보니 미국의 주식시장과 동조화 현상도 심했다. 전날 미국의 주식시장이 활황이면, 우리 주식시장도 활황을 이루었다. 1998년, 1999년 당시 주식투자를 해본 사람이라면 기억할 것이다. 매일 아침 미국 주식시장의 결과를 확인하고 투자에 임하던 것을 말이다.

하지만 이러한 현상도 점차 사라지기 시작했다. 내국인 투자자의 입김이 강해진 것이다. 이러한 현상은 2004년부터 본격화되기 시작했다.

은행을 떠나 펀드에 안착한 베이비붐 세대

이러한 변화들이 생겨난 이유는 무엇일까? 여러 가지 이유가 있겠지만, 궁극적으로는 사람들의 노후에 대한 불안감 때문이다. IMF 구제금융 이후 불어 닥친 양극화, 고령화, 조기퇴직 등 여러

위기 요소들로 인해 우리 사회의 중장년층이 긴장하기 시작한 것이다. 예전처럼 직장생활만 열심히 하면 어느 정도 노후가 보장되던 시대는 끝났다는 것을 알게 되었으니 불안하지 않을 수 있겠는가.

그들은 불안한 마음에 은행을 기웃거려 보지만, 이자는 턱없이 낮다. 4%대 이자율에 세금과 물가상승률을 고려하면 남는 게 거의 없다. 그렇다고 주식시장에 직접 투자하기는 겁이 난다.

주식시장이 어떤 곳인가? '강호의 고수'들이 모여 진검승부를 하는 곳이 아닌가. 여기에 초심자들이 겁 없이 덤벼들다가는 아차 하는 순간에 비수를 맞고 쓰러져버릴 수가 있다. 이러한 상황에서 그들이 찾은 재테크 방법이 있으니, 그것이 바로 펀드투자다. 자신이 직접 주식투자에 나서는 게 아니라, 강호의 고수들을 골라서 대신 진검승부에 내보내는 게 펀드 같은 간접투자 상품의 특성이다.

이러한 펀드투자 열풍에 불을 붙인 것은 특히 2004년부터 인기를 모으기 시작한 '적립식 펀드'다. 적립식 펀드라고 해서 어느 날 갑자기 혜성처럼 등장한 새롭고 특수한 펀드는 아니다. 주식과 채권에 간접투자를 하는 점에서는 일반 펀드와 똑같다. 그런데 돈을 모으는 방식이 좀 다르다. 일반 펀드는 투자자 입장에서 한꺼번에 목돈을 납입해야 하지만, 적립식 펀드는 매월 일정 금액을 적금처럼 납입하면 된다. 어떻게 보면 목돈이 없는 일반 서민들이 접근하기 다소 불편했던 일반 펀드를 살짝 바꿔놓은 것에 지나지 않는다.

하지만 이 납입 방식에 대해 일반 서민들의 반응은 실로 뜨거웠다. 가뜩이나 은행이자가 낮아 적금을 망설이던 서민들 입장에서는 적금처럼 납입하면 투자의 전문가들이 잘 운용을 해서 높은 수익을 올려준다니, 이 어찌 기쁘지 아니할 것인가? 그래서 사람들은 너도 나도 적립식 펀드에 가입을 했다. 티끌 모아 태산이라고 한푼 두푼 모아진 돈은 엄청난 금액이 되어 주식시장으로 들어오기 시작했다. 그것도 매달 꾸준히 말이다.

실제로 2004년부터 꾸준히 성장해온 적립식 펀드는 연평균 7~10% 정도의 수익률을 안겨줬다. 은행의 예금과는 비교할 수 없는 수익률이다. 자산운용협회에 따르면, 2006년 상반기 10조 원 규모에 이르던 적립식 펀드가 2006년 10월경에는 26조7천억 원을 웃도는 규모로 늘어났다고 한다. 또한 2007년 11월 현재 적립식 펀드를 포함한 전체 펀드 중 주식에 투자 비중이 높은 주식형 펀드의 규모가 무려 106조 원에 달하고 있다.

이 정도의 자금이 안정적으로 주식시장으로 흘러 들어가는데, 주식시장이 활황을 누리지 않을 수가 있겠는가? 이러니 외국인 투자자 위주에서 국내 투자자로 그 주도 세력이 바뀐 것이다. 물론 최근 들어 국내 경기 불황과 국외의 서브프라임 모기지론 부실 사태 등 여러 가지 악재로 인해 주식시장은 2007년에 비해 많이 나빠진 것은 사실이다. 하지만 하락장의 시기마다 과거와는 달리 엄청난 투매로 인해 돌이킬 수 없는 사태를 유발하는 일은 없었다. 이렇게 그나마 증시를 버텨낸 것도 펀드를 등에 업은 국내기관 투자자들의 역할 때문이라고 생각한다.

냄비 증시에서 뚝배기 증시로

특히 이러한 펀드 자금이 주식시장으로 유입되는 것은 일반 개인 투자자들의 주식투자 자금이 시장에 유입되는 것과는 그 영향력에서 본질적인 차이가 있다. 개인 자금의 경우, 시장의 움직임에 큰 영향을 받는다. 주가가 조금이라도 올라가면 우르르 몰렸다가, 약간이라도 빠지게 되면 투매 현상이 일어나는 것이 개인투자 자금의 특성이다. 그 동안 우리나라 증시는 이런 개인투자 자금 때문에 '냄비증시' 라는 오명에 시달렸던 게 사실이다. 달아오를 때 바짝 달아올랐다가, 식을 때 순식간에 식어버리는 냄비처럼 말이다.

하지만 안정적인 펀드 자금은 주가의 등락에 그렇게 민감하게 반응하지 않는다. 펀드를 운용하는 전문가들이 나름대로의 분석과 전략을 가지고 투자에 임하기 때문이다. 그러다 보니 냄비처럼 금세 폭락할 가능성이 현저히 줄어들게 된다. 다시 말해 은근하게 달아올랐다가 식을 때도 천천히 반응을 보이는 '뚝배기증시' 로 그 성격이 본질적으로 바뀌게 된 것이다.

이러한 현상은 주식시장에 예측 가능성과 안정성을 한결 더 강화시키는 역할을 하게 된다. 이는 아직 투자에 동참하지 않은 다른 투자자들도 펀드나 직접투자를 통해 주식시장으로 들어오게 만든다. 그러면 주식시장은 더욱 활황이 된다. 그야말로 선순환 구조가 만들어지는 것이다.

주가상승은 신앙이다

주식은 상승할 수밖에 없다

주식이나 펀드투자를 할 때 잊지 말아야 할 명제가 바로 '주가 상승은 신앙이다' 라는 명제다. 적어도 대한민국 증권시장에서 주가 상승은 필연적이다. 지금 당장 한반도에 전쟁이 나거나, 아니면 화성인이 지구를 침공해 우주전쟁이 일어나지 않는 한 이 명제는 성립한다. 필자는 기독교 신자는 아니지만 신앙에 대해 이야기할 때 일반적으로 예를 들 수 있는 것이 기독교이니, 이를 가지고 이 명제에 대해 이야기를 해보려 한다.

자, 마음이 괴로운 사람이 교회를 찾았다. 목사님은 말한다.

"하느님을 믿고 영광을 돌리면 당신의 영혼은 구원받을 수 있습니다." 신앙이란 무엇인가? 무조건적인 믿음이다. 예수나 하느님이 존재하는지 과학적으로 따지고 들어서는 안 된다. 머리로 믿으려 들어서도 안 된다. 마음의 문을 열고 무조건적으로 하느님을 믿을 때 그때 바로 구원 받을 수 있는 신앙이 성립되는 것이다.

필자는 앞서 주가 상승은 신앙이라고 했다. 그렇다면 이 경우도 마찬가지로 의심하지 말고 무조건적으로 받아들여야 한다. 말하자면 주식의 가격은 계속적으로 상승할 수밖에 없다는 신앙을 머리가 아닌 가슴으로, 강력한 믿음으로 받아들여야 하는 것이다.

마음이 괴로운 사람이 구원을 받기 위해 진심을 다해 하느님을 믿고 의지했다. 하지만 그에게 뜻하지 않은 커다란 시련이 닥쳐왔다. "아니, 제가 하느님을 그토록 믿었는데 어찌 이렇게 힘든 시련을 겪게 되나요?" 그러자 목사님은 말한다. "하느님이 지금 당신에게 큰 시련을 주시는 것은 당신에게 더 큰 영광을 주시기 위함이니 결코 하느님의 권능을 의심해선 안 됩니다."

그렇다. 그런 게 바로 신앙이다. 주가 상승이 신앙이라고 해서 주식이나 펀드에 투자를 시작한 이래로 쉬지 않고 계속 주가가 상승하는 법은 없다. 하느님이 주시는 시련과 마찬가지로 주식이나 펀드투자에도 시련이 있다. 투자하자마자 20~30%의 손실을 볼 수도 있다. 주가가 계속 지지부진하게 횡보를 할 수도 있다.

하지만 이러한 주가도 언젠가는 오르게 되어 있다. 지금 주가가 떨어지는 것은 더 큰 상승의 영광을 주시기 위해 나에게 먼저 시련을 주는 것이란 믿음을 가져보라. 그러한 신앙에 가까운 믿음이 없다면, 당신은 결코 주식이나 펀드투자를 해서는 안 된다.

장기투자에서 성공하는 비결

이 정도까지 이야기를 했으니 누군가는 필자에게 이렇게 묻고 싶을 것이다. "당신은 무슨 근거로 주가는 반드시 상승한다고 주장하는 거요?" 필자는 여기서 우리나라 기업의 펀더멘털이 우수하다거나 한국 증시가 아직도 저평가를 받고 있어 상승여력이 충분하다는 것을 각종 자료와 수치를 들먹이며 이야기할 수도 있을 것이다. 하지만 남들이 많이 이야기했던 그런 방식보다는 지금까지의 주가지수 히스토리를 통해 이를 설명해보면 어떨까?

2007년 8월, 한국경제신문의 기사에 이런 표가 실린 적이 있다.

물론, 이 기사는 과거 폭락 장에서 주가지수가 얼마만큼 떨어졌는가에 대해 알아보는 내용의 기사였다. 외환위기나 9.11테러, 차이나 쇼크 등 굵직굵직한 악재를 겪으면서 우리 증시는 며칠 사이에 20포인트씩, 30포인트씩 떨어졌다. 하지만 필자의 눈에는 주가 하락률보다는 코스피지수의 변화 추이가 눈에 더 들어왔다. '556 → 1,204'. 이것이 바로 최종적인 코스피지수 변화이다.

(단위 : 포인트, %)

위기 내용	기간	코스피지수	하락률
1997년 외환위기	11.5~12.24	**556** → 351	-36.8
1998년 LTCM파산	7.21~8.18	365 → 291	-20.2
2001년 9.11테러	9.10~9.17	551 → 469	-14.9
2003년 카드사태	2.24~3.17	616 → 515	-16.4
2004년 차이나쇼크	4.23~5.17	936 → 729	-22.1
2005년 유동성위축	3.11~4.29	1023 → 911	-10.9
2006년 유동성위축	5.11~6.13	1,465 → **1,204**	-17.8

출처 : 한국경제 2007.08.18일자 – 자료 굿모닝신한증권

여기서 내린 결론? 물론 간단 명쾌하다. 주가가 올랐다는 것이다. 제아무리 굵직한 악재가 반복되고 그 때마다 주가는 폭락을 했더라도 결국에는 다시 원상복귀를 하고, 거기서 멈추지 않고 상승까지 했다는 것이다. 이 기사가 실린 2007년에는 주가가 2,000 포인트를 넘어섰다. 하지만 그후 미국의 서브프라임 모기지론 부실 사태를 시발점으로 하여 주가지수는 처참히 폭락을 하여 1,500선을 왔다 갔다 하였다. 그리고 지금은 잘 알고 있듯이 모두가 주가 폭락으로 신음을 하고 있다.

자, 좀더 거시적인 시각으로 다시 한 번 주가흐름의 히스토리를 보자. 폭락이라며 그토록 두려워하고 있는 1,500선의 주가가 1997년 '556' 보다 3배는 오른 것 아닌가! 이런 엄연한 사실을 보

고도 주가상승에 대한 신앙을 가지지 않는다면 이는 대한민국 증권시장과 한국경제에 대한 신성모독(?)이 아닐 수 없다.

이쯤 되면 필자가 주장하는 '주가상승은 신앙이다' 라는 명제의 참 의미를 알았을 것이라 생각한다. 짧은 기간을 잘라볼 때 주가가 과연 상승할지 하락할지는 아무도 모른다. 하지만 아주 긴 시간의 흐름을 볼 때, 주가흐름의 형태는 상승 그 자체이다. 이는 지금까지도 그랬고, 앞으로도 그럴 것이다.

이러한 신앙에 가까운 믿음을 가지고 있어야 자산 축적의 정수(精髓)라고 할 수 있는 장기투자가 가능한 것이다. 그 유명한 투자의 달인 워렌 버핏도 그의 연례보고서에서 '거래를 남발하지 말 것과 모든 사람들이 투자를 접는다는 이유만으로 투자를 포기하지 말라는 것' 을 강조했다. 그것을 기억하자.

펀드 자본주의 시대에 대비하라

자본시장통합법이 시행된다

앞으로 대한민국 투자시장의 가장 큰 화두는 바로 자본시장통합법(이하 '자통법')의 시행일 것이다. 그 동안 춘추전국시대처럼 사분오열 되어 있던 자본시장을 하나로 통합하여 골드만삭스와 같은 대형 투자회사를 키워보자는 게 이 법의 목적이다.

기존의 자본시장에는 증권거래법, 선물거래법, 자산운용업법, 신탁업법, 종합금융회사법, 기업구조조정투자회사법, 증권선물거래소법 등 7개의 증권 관련법이 존재하고 있다. 이들 법은 필요에 의해 그때그때마다 만들어진 법이기 때문에 서로 중복되는 규

정도 많고, 시너지 효과도 일으키지 못했다. 그러다 보니 우리나라 증권 관련 회사들은 글로벌 투자은행들에 비해 규모 면에서나 역량 면에서 열세일 수밖에 없었고, 항상 그들과의 싸움에서 밀려날 수밖에 없었던 것이 사실이다.

지금부터 6개월 후인 2009년 2월, 드디어 "금융투자업과 자본시장에 관한 법률"이 시행된다. 이른바 '자통법'이 시행되는 것이다. 이를 통해 기존 증권사, 자산운용사, 선물회사, 종금사, 신탁회사 등 470여 개의 금융회사는 단일 업종으로 통합되어 매매업, 중개업, 자산운용업, 투자일임업, 투자자문업, 자산보관관리업 등 6개 업무를 겸영할 수 있게 된다. 물론 원할 경우 필요한 업종 한두 개만을 골라 영업할 수도 있다. 아울러 그 동안 기존의 법들에 의해 제한되었던 많은 증권 관련 규제들도 함께 풀릴 전망이다.

이렇듯 자통법이 시행되면 우리나라에서도 외국계 IB*(투자은행)와 같은 대형 '금융투자회사'가 출현할 것이다. 아울러 향후 증권업계는 두세 개의 대형 금융투자회사와 한두 가지 업무에 특화된 중소형 증권사들로 양분될 것으로 예상된다. 벌써부터 대형 증권사를 중심으로 '금융투자회사'를 설립할 움직임이 나타나고 있으니 말이다.

2009년부터는 'OO증권사'나 'OO자산운용'이 아니라 'OO금융투자회사'라는 간판이 여의도에서부터 보이기 시작할 것이다.

이들은 관련 업종을 신설하기보다는 인수와 합병에 의한 합종연
횡을 통해 몸집을 키울 가능성이 높다. 아마도 당분간은 증권업
관련 M&A가 자본시장을 엄청나게 달굴 것으로 예상된다.

나에게는 어떤 영향을 미칠까?

그렇다면 이러한 자통법은 우리 일반인들에게는 어떠한 영향
을 미칠까? 크게 두 가지로 나누어 볼 수 있다. 즉, 금융투자상품
의 진화와 판매구조의 진화이다.

금융투자상품의 진화

자통법이 시행되면 금융투자상품의 법적 개념이 바뀌게 된다.
지금까지는 증권업을 통해 투자가 가능한 상품이 유가증권 21개,
파생상품 네 가지 정도로 제한되어 있었다. 이는 기존 관련법들이
투자상품을 일일이 열거해놓는 '열거주의'를 택하고 있기 때문

Note

* IB : Investment Bank의 약자. Bank가 들어간다고 해서 '은행'이라 생각하면 오산이
다. 오히려 '증권사'에 가깝다. 다만 단순한 위탁매매, 증권인수 업무 이외에 M&A,
IPO, 자기자본투자(PI), 사모펀드 및 헤지펀드 운영, 자산운용 등 다양한 금융투자 업
무를 영위하는 투자금융회사를 말한다. 우리나라 증권사와 같이 위탁매매수익이 전체
업무수익의 60% 이상을 차지하는 경우는 IB라고 칭하기 어렵다. 자통법은 업무 통합과
규제완화를 통해 명실공히 IB업무를 하는 증권사가 출현하는 것을 그 목적으로 한다.

에, 그 종류가 극히 제한적일 수밖에 없었다.

하지만 앞으로 시행될 자통법은 투자가 가능한 상품에 대해 '포괄주의'를 택하고 있다. 다시 말해 추가적인 수익 확보를 목적으로 원금손실의 위험을 감수하는 모든 투자 대상은 그 명칭과 형태를 불문하고 무조건 금융투자상품으로 정의하고 있다는 것이다. 따라서 앞으로는 날씨, 기온, 일조량이나 이산화탄소 배출권 등에 투자하는 펀드상품도 출시될 가능성이 있다.

또한 기존의 법은 펀드마다 그 투자자산을 지정해놓고 있다. 예를 들어 증권펀드는 증권에 40% 이상, 부동산펀드는 부동산에 70% 이내로 투자해야 하고, 광산, 임산물 등에 투자하는 실물펀드는 부동산에 투자할 수 없다는 식이다. 하지만 자통법이 실시되면 이러한 규제가 철폐될 것으로 보인다. 이렇게 되면 '혼합자산펀드'의 출현도 가능하다. 이로 인해 펀드에 일단 가입해놓고 주식시장이 활황일 때는 주식에 주로 투자하고, 부동산시장이 활황일 때는 부동산에 집중 투자하는 전천후 투자펀드가 탄생하는 것이다.

CMA(종합자산관리계좌)도 더욱 강력해질 전망이다. 자통법으로 증권사도 소액 지급결제가 가능해지기 때문이다. 그 동안 지급결제 기능은 은행 고유의 업무 권한이었지만 자통법이 시행되는 2009년부터는 증권업계나 보험업계에서도 소액 지급결제가 가능해진다. 이렇게 되면 CMA 통장 하나만으로도 계좌이체, 신용카드 결제, 송금 및 수시 입출금이 가능해 명실공히 종합 금융서비스가 가능해진다.(지금까지는 CMA통장을 은행의 가상계좌와 연계하여 송금 및 계좌이체를 했기 때문에 은행 업무시간 이외는 제약을 받는다거나 CMA통장-증권계좌 간의 자금이체 등에는 제약을 받기도 했다).

지금도 연 5% 이상의 이자를 받을 수 있는 CMA가 월급통장으로 각광을 받으면서 연 0.2% 이자의 은행 보통예금을 위협하고 있는데, 앞으로는 더욱더 위협적인 존재가 될 것으로 보인다. 그리하여 이제는 일반 서민의 자금까지도 저축의 중심인 은행에서 투자가 중심인 자본시장으로 대거 이동할 것으로 예상할 수 있다.

판매구조의 진화

자통법은 금융상품의 판매 및 유통구조에도 커다란 변화를 몰고 올 것으로 보인다. 우선 '펀드판매 전문회사'가 등장할 것이다. 펀드판매 전문회사란 특정 자산운용사의 펀드 판매에만 국한하지 않고 실로 다양한 펀드상품을 고객에게 판매하는 독립적인 펀드판매회사를 말한다.

현재는 은행, 증권사, 보험사 등이 판매회사이다 보니 '삼성증권-삼성자산운용' 하는 식으로 자기의 관계 회사의 펀드상품을 주요 상품으로 판매하는 경우가 적지 않다. 해당 매장(금융기관)의 종업원(창구 직원)은 자기 매장에서 판매하는 펀드상품이 가장 좋다고 말할 수밖에 없는 구조이기 때문이다. 그만큼 고객의 선택의 폭은 줄어들었다.

하지만 펀드판매 전문회사가 생기면 상황은 달라진다. 이들 판매전문회사는 특정 자산운용사와 상관없이 정말 실적이 좋은 펀드상품을 고객들에게 적극 홍보하게 될 테니 말이다. 그래야 고객의 관심을 끌 수 있기 때문이다. 가전제품으로 따지자면 '하이마트' 같은 양판점이 등장하는 것이다. 고객은 이러한 판매전문회사를 통해 특정 자산운용사에 국한되지 않고 자신의 재테크 플랜에 맞는 최상의 펀드상품을 비교 분석하고 선택할 수 있게 되는 것이다.

이와 함께 또 하나의 변화도 예상할 수 있다. 현재는 펀드상품에 가입하기 위해서는 은행이나 증권사의 지점을 직접 방문해야 한다. 하지만 이러한 불편도 앞으로 자통법이 실시되면 사라질 것으로 보인다. 왜냐하면 머지않아 금융투자상품에 대한 '판매 권유자'가 등장할 것이기 때문이다. 판매 권유자가 등장하면 직접 고객이 있는 곳을 방문을 하여 펀드나 각종 금융투자상품을 판매할 수 있게 된다. 이는 LP(Life Planner)들이 직접 사무실이나 가정을 방문하여 보험상품 설명에서 보험가입계약까지 원스톱으로 처리하는 것과 같다고 생각하면 된다.

이제는 막연히 '나도 펀드 하나쯤은 가입해야 하는데……' 하고 생각하면서도 바쁘다는 핑계로 금융기관을 찾지 못하는 당신에게도 각종 투자지식과 자산관리기법으로 무장한 판매 권유자들이 노크를 할 것이다. 물론, 이들에게는 명확한 책임이 부과된다. 펀드와 같은 금융투자상품을 권유할 때는 상품의 내용과 투자위험을 고객에게 상세히 설명해야 하며, 이를 고객이 충분히 이해를 했는지 여부를 반드시 확인하도록 규정하고 있기 때문이다.

만약에 고객이 펀드투자 후 손실을 봤는데 가입 당시 해당 펀드의 투자위험에 대해 충분한 설명을 듣지 못했다고 한다면 그 손실액을 물어줘야 한다. 따라서 지금과 같이 어려운 용어로 깨알같이 쓰여있는 펀드약관을 대충 보여준 다음 얼렁뚱땅 펀드를 팔았다간 큰 코를 다치게 되는 것이다.

이상으로 자본시장통합법의 시행으로 변하게 될 자본시장의 모습에 대해 일반인들과 관련되는 부분들을 중심으로 알아보았다. 요점은 이렇다. 자통법의 시행으로 보다 다양하고 경쟁력 있는 투자상품과 고객 중심의 판매구조로 진화하리라는 것이다. 이러한 제도의 변화는 펀드상품에 대한 일반인들의 접근성을 더욱더 용이하게 할 것이다.

모름지기 제도가 받쳐주면 시장은 살아나는 법이다. 그리하여 향후 우리나라 주식시장도 선진화된 제도가 바탕이 된 펀드자본주의 시대로 한 걸음 다가갈 것으로 보인다.

종자돈 모으는 데는 적립식 펀드를

꿩 먹고 알 먹는 투자

세상에 '꿩 먹고 알 먹는' 그런 금융상품이 있다면 얼마나 좋을까? 특히 종자돈도 모으면서 투자수익도 얻을 수 있는 상품이 있다면 그야말로 금상첨화일 것이다. 세상에 그런 게 어디 있냐고? 분명히 있다. 그게 바로 적립식 펀드이다.

사실 적립식 펀드라는 금융상품이 따로 있는 것은 아니다. 이 역시 일반적인 펀드상품과 다를 바 없다. 주식에 주로 투자를 하면 주식형 펀드이며, 채권에 주로 투자를 하면 채권형 펀드인 것이다. 그리고 그 중간적 형태가 혼합형 펀드다. 다만 적립식 펀드가 일반 펀드상품과 다른 게 하나 있다면, 바로 입금하는 방식이다. 적립식 펀드는 그야말로 적금을 납입하듯이 매월 일정 금액을 입금하는 펀드상품이다.

적립식 펀드의 핵심 : 코스트 애버리지효과

'코스트 애버리지(Cost Average) 효과' 란 투자 대상이 되는 주식이나 채권 등을 남들보다 싸게 살 수 있는 것을 말한다. 어떻게 남들보다 싸게 살 수 있을까? 적립식 펀드의 경우 투자자가 매달 일정 금액을 입금하면, 자산운용사에서는 그 금액만큼 매달 주식이나 채권을 매입하게 된다. 따라서 투자 대상이 되는 주식이나 채권의 가격이 쌀 때는 많이 사게 되고, 비쌀 때는 적게 사는 셈이 된다.

그러다 보면 싼 가격엔 많은 수량을, 비싼 가격엔 적은 수량을 매입하게 되고, 시간이 흘러서 이를 평균 내보면 시장의 평균 가격보다 싸게 투자자산을 매입한 결과를 얻는다. 이렇게 남들보다 싸게 산 증권을 일정 시점에 매각하게 되면 높은 수익을 얻을 수 있다.

물론 2~3개월 내에 그런 효과가 나타나는 것은 아니다. 대략 2~3년 정도 꾸준히 입금을 해야 코스트 애버리지 효과를 보게 되어, 시장 평균 수익률보다 높은 수익을 얻을 수 있다.

전략은 따로 있다

이제 적립식 펀드의 특성을 알았으니 투자전략을 살펴볼 차례다.

첫째, 적어도 2~3년 정도 장기간의 투자를 해야 한다. 앞서 말했듯이, 적립식 펀드의 핵심은 코스트 애버리지 효과다. 그리고 이 효과는 적어도 2~3년의 시간이 흘러야 제대로 숙성이 되어 진면목을 발휘하게 된다. 그러므로 적립식 펀드는 애초부터 2~3년간의 장기투자를 목표로 해야 한다.

아무리 안정적인 수입원이 있는 월급쟁이라도 적금을 들 때는 1년 정도를 만기로 정하는 경우가 대부분이다. 하지만 종자돈도 모으고 투자수익도 얻는 일거양득을 위해 가입하는 적립식 펀드인 만큼, 반드시 장기투자를 염두에 두고 시작하는 것이 좋다.

이러한 이유로 자신이 언제 목돈이 필요할지 계획을 잘 세워 가입 금액을 정하는 것이 필요하다. 처음부터 의기양양하게 무조건 큰 금액으로 가입을 하고 마고 나서, 향후 급전이 필요해 별 재미도 못 보고 중도에 환매를 하고 마는 안타까운 일은 없어야 하니까 말이다.

둘째, 주가가 떨어질 때가 오히려 적립식 펀드의 가입 시기임을 명심하자. 물론 여기서 말하는 적립식 펀드란 주식형 적립식 펀드를 가리킨다. 앞에서도 설명했지만 매달 일정 금액을 입금하는 적립식 펀드는 쌀 때 많은 주식을 매입할 수 있기 때문에, 2~3년 후 코스트 애버리지 효과를 보게 된다. 따라서 주가가 떨어진다고 해서 당장의 떨어진 수익률에 겁먹고 환매를 해서는 안 된다. 오히려 이때가 투자의 적기이다. 주가는 어차피 내릴 때가 있으면 오를 때도 있다. 쌀 때 많은 수량을 사두어야 나중에 큰 수익을 얻을 수 있음을 명심하라.

셋째, 장기간 꾸준한 수익률을 내는 펀드에 가입하라. 막상 적립식 펀드에 가입하려고 하니 자산운용사도 한두 개가 아니고, 펀드의 숫자는 이보다 더 많아 정신이 없을 것이다. 그럼 어떤 펀드에 가입하는 게 좋을까?

세계적인 자산운용사인 피델리티의 에반 해일 사장은 펀드의 경우 3년간의 수익률이 가장 중요하다고 강조한다. 1년이나 6개월 등의 단기간 수익률로 펀드를 판단해선 안 되며, 적어도 3년간의 누적수익률을 보고 펀드의 실적을 판단해야 한다는 것이다.

전문가들이 말하는 좋은 펀드 고르는 방법도 마찬가지다. 최소 2~3년간의 수익률이 상위권에 속하는 펀드라야 나름대로 운용에 대한 노하우가 녹아들어가 있어, 믿고 투자를 할 수 있다는 것이다. 새롭게 출시된 펀드는 자산운용사가 투자자들을 유치하기 위해 광고를 많이 하므로 투자자들의 눈에 금방 띄기는 하지만, 이런 펀드일수록 충분히 검증할 시간이 필요하다.

최근에는 인터넷 사이트뿐만 아니라 신문이나 경제잡지에서 펀드나 자산운용사의 수익률을 게재하는 기사들을 종종 볼 수 있다. 이러한 기사를 읽을 때 단기적인 순위나 실적에 현혹되지 말고, 꾸준히 성적이 좋은 펀드가 어떤 것인지 살펴보는 안목을 길러야 할 것이다.

내 몸에 맞는 펀드를 고르자

시중에 선보이고 있는 펀드상품들……. 그 종류가 너무 많아 헷갈린다. 하지만 몇 가지 특성에 맞춰 그 종류를 나눠보면, 좀더 쉽게 펀드를 구분할 수 있다. 특성별로 어떠한 펀드가 있는지 알아보자.

펀드의 종류, 아는 만큼 돈 된다

설립 형태에 따라

- **수익증권 펀드(계약형)** : 우리가 흔히 말하는 수익증권

(Beneficiary Certificate)을 가리킨다. 수익증권 펀드는 투자자와 자산운용 회사가 당사자끼리의 신탁 계약을 체결하는 형태다. 이를 계약형 투자신탁이라고도 한다.

　　- **뮤추얼 펀드(회사형)** : 자산운용 회사에서 서류상의 회사 (Paper Company)를 만들어 주식을 발행하고, 투자자가 그 주식을 취득하는 구조로 되어 있는 펀드상품이다. 이를 회사형 투자신탁이라고도 한다.

　　그러나 이 두 가지 다 자산운용 회사에 돈을 맡기면, 이를 대신 운용해서 수익을 나눠준다는 점에서 별반 차이가 없다. 실제로도 펀드상품에 가입하는 투자자 입장에서는 큰 차이를 느끼지 못한다.

판매 방식에 따라

　　- **매출식 펀드** : 자산운용사의 돈으로 펀드를 미리 만들어놓고 이를 투자자들에게 판매하는 방식을 매출식이라고 한다. 가장 흔한 형태의 판매 방식이다.

　　- **모집식 펀드** : 앞으로 만들게 될 펀드상품에 대한 특성과 장단점을 미리 투자자들에게 설명을 한다. 투자자들이 설명을 듣고 괜찮다 싶으면 돈을 낼 것이다. 이렇게 모아진 돈을 바탕으로 펀드를 만드는 것을 모집식 펀드라고 한다.

추가설정 가능 여부에 따라

– **추가형 펀드** : 펀드가 만들어진 후에도 계속해서 수익증권을 만들어 투자자에게 판매하는 것을 '추가설정'이라고 한다. 이러한 추가설정이 가능한 펀드를 추가형 펀드라고 한다.

– **단위형 펀드** : 추가설정이 가능하지 않은 펀드를 단위형이라고 한다. 단위형 펀드의 경우는 일단 펀드가 만들어지면, 그 이후에 투자자에게 추가적인 판매를 할 수 없다.

중도환매 가능 여부에 따라

– **개방형 펀드** : 중도환매가 가능해 펀드 자금의 입출금이 자유로운 형태의 펀드를 말한다.

– **폐쇄형 펀드** : 중도환매가 불가능해 일단 가입을 하면 만기 시까지 돈을 빼지 못하는 펀드다.

펀드를 운용하는 투자상품에 따라

– **주식형 펀드** : 펀드에 모인 돈으로 주식에 투자하여 운용하는 것으로 공격적인 투자자들이 선호하는 펀드다. 주식투자 비율에 따라 성장형(주식에 50% 이상), 안정성장형(주식에 50%), 안정형(주식에 30%)으로 나뉜다.

– **채권형 펀드** : 펀드에 모인 돈으로 채권에 최소 60% 이상 투자를 하는 것으로, 주로 보수적인 투자자들이 선호한다. 일반적으

로 채권에 85~90% 정도 투자하고, 나머지는 양도성예금증서(CD)
나 기업어음(CP), 콜 등 단기 금융상품에 투자한다.

  – 혼합형 펀드 : 주식과 채권 등에 나누어 투자를 하는 형태로,
각각의 투자 비율이 60%를 넘지 않는 펀드상품을 말한다.

32

[주식 · 펀드]

우리 아이 부자 만들어주는
'어린이 펀드'

하루라도 빨리 시작해야 이긴다

'어린이 펀드'(Child Trust Funds)란 한마디로 복리(複利)의 힘을 이용해 시간에 투자를 하는 장기 투자상품이다.

현재 30 · 40대의 나이라면 사실 매년 상당한 금액을 모으지 않는 한 부자가 되기가 쉽지 않다. 돈을 모으기 위한 시간이 턱없이 부족하기 때문이다. 하지만 지금 한창 자라나는 아이들은 다르다. 아이에게는 충분한 시간이 있으므로, 복리의 힘을 이용하면 적은 액수로도 나중에 큰돈을 모을 수 있기 때문이다. 모름지기 재테크란 하루라도 빨리 서두르는 쪽이 이기는 게임이니까 말이다.

복리의 힘은 예전에 MBC TV 프로그램인 〈경제야 놀자〉에서도 소개된 바 있다. 3살 때부터 부모가 대신해서 매달 12만 원씩 아이 앞으로 15년간 적립을 해주면, 총 4천766만 원의 종자돈이 만들어진다. 그 후로도 이 돈을 찾지 않고 향후 32년간 연 10%의 복리로 운용을 하면 10억이 된다. 다시 말해 아이는 실제로 돈을 투자한 게 없는데도 자신이 50세가 되는 해에 10억을 거머쥘 수 있다는 것이다.

하지만 이는 말처럼 쉬운 것은 아니다. 지금 3살인 아이에게 누가 책임지고 15년간 적립, 32년 동안 연 10%로 운용을 해줄 것인가? 그야말로 47(15+32)년간의 초장기 프로젝트인데 말이다.

안정적으로 성장하는 펀드

이 초장기 프로젝트를 도와줄 수 있는 것이 바로 어린이 펀드다. 사실 어린이 펀드라고 해서 거기에 뭔가 특별한 요술방망이가 숨겨져 있는 것은 아니다. 다만 부모들이 아이들 앞으로 들어갈 비용(학자금, 결혼 비용, 주택마련 자금 등)에 대해 미리 계획을 세웠다면, 그들이 이를 모을 수 있게끔 도구를 제공하는 것이라고 생각하면 된다.

이렇듯 아이들의 장래를 위한 투자이므로, 어린이 펀드는 전형적인 장기, 안정형 투자상품이어야 한다는 특징이 있다. 일반적인 펀드상품은 150~200종목의 주식이나 채권에 투자를 하는 데 비해, 어린이 펀드는 60종목 이하의 안정적인 채권이나 우량주식, 가치주식 등에만 투자를 한다. 대박이 터지지는 않지만 큰 위험 없이 안정적으로 성장하는 펀드인 것이다. 게다가 이자에 이자가 붙는 복리의 힘이 장기간 지속되면 상당한 수익도 얻을 수 있다.

현재 시중에 선보이고 있는 어린이 펀드는 대략 10개 정도이다. 주식에 주로 투자하여 운용하는 것으로는 농협CA가 운용하는 '농협CA 아이사랑적립주식1', 삼성이 운용하는 '삼성 착한아이예쁜아이주식형', KB가 운용하는 'KB 캥거루적립식주식', 우리CS가 운용하는 '우리쥬니어네이버적립주식1' 등이 있다.

아울러 채권에 주로 투자하는 펀드로는 KB가 운용하는 'KB사과나무채권1'이 있고, 채권과 주식 혼합형으로는 KTB가 운용하는 '에듀케어학자금', 대한투자신탁이 운용하는 '클래스원i-사랑적립식혼합1' 등이 있다.

미래에셋의 경우에는 해외주식형 어린이 펀드를 운용하고 있다. 이러한 펀드는 제각기 조금씩 다른 혜택을 제공하고 있다. 그러므로 가입을 하기 전에 해당 금융기관에 가서 그 특징을 물어보고 메모를 해두었다가, 자신과 아이에게 맞는 상품을 선택하는 것이 좋다.

어린이 펀드에 가입하는 것은 일반 펀드에 가입하는 것과 별

차이가 없다. 은행, 증권사 등의 금융기관을 찾아가면 된다. 다만 어린이의 경우 주민등록증이 없는 미성년이므로, 주민등록등본을 가지고 부모가 동행해서 계좌를 개설하면 된다. 대부분 5만 원 이상으로 자유롭게 적립이 가능하다.

어린이 펀드의 경우 단순한 투자수익뿐만 아니라, 자녀들을 위한 경제교실이나 금융교실 행사도 있어 일석이조의 효과도 노릴 수 있다.

> ### tip 증여세 공제는 꼭 챙기자
>
> 현행 상속증여세법상 만 19세까지는 10년 단위로 1,500만 원씩, 20세 이후에는 3,000만 원까지 증여세 공제 혜택이 있다. 어린이 펀드의 경우에도 부모가 자녀에게 펀드를 통해 증여하는 것이기 때문에 당연히 증여세가 붙는다. 따라서 펀드 투자로 얻은 수익을 세금으로 떼지 않기 위해서는 증여세 공제 신청을 하여 공제 혜택을 받을 수 있도록 해야 한다.

33

[주식 · 펀드]

퇴직연금제도를 주시하라

증시 활황의 견인차가 될 퇴직연금제도

우리나라에서는 퇴직연금제도가 2005년 12월부터 시행되었다. 이제 겨우 걸음마 단계라 할 수 있으므로, 근로자나 기업들의 인식도 아직까지는 높지 않은 편이다. 이렇다 보니 아직은 대기업보다는 중소기업이 주로 참여하고 있는 실정이다. 퇴직연금은 임의가입 사항인 만큼 사원 수가 적은 중소기업이 아무래도 노사간에 의사결정을 내리기 쉽기 때문인 듯하다.

그럼에도 그 증가율은 꽤 양호한 편이라 할 수 있다. 금융감독원에 따르면 2006년 11월 현재 적립금액은 총 5천637억5천만 원이며, 11월 중 맺어진 신규계약 건수는 1,309건으로 10월의 570건에 비해 2.3배 늘어났다고 한다.

기존 퇴직금제도의 가장 큰 문제점 중 하나는 퇴직금을 회사 내에 쌓아두었다는 것이었다. 그러다 보니 회사가 어려워져 자금을 다 탕진하게 되면, 퇴직하는 근로자들이 퇴직금을 못 받는 경우가 허다했다. 퇴직연금제도는 바로 이러한 문제점을 해결하기 위해 퇴직금을 외부의 금융기관에 적립하도록 하는 것이다.

물론 외부 금융기관은 퇴직금을 가만히 쌓아둘 리 없다. 금융기관은 적립한 돈을 투자원금으로 삼아 채권이나 주식 등에 투자하여, 그 돈을 불려나갈 것이다. 마치 펀드상품처럼 말이다. 그래서 나중에 근로자들이 퇴직을 하게 되면, 적립한 퇴직금과 불어난 운용수익금을 연금의 형태로 받아가게 한다. 이것이 이 제도의 핵심이다. 따라서 이러한 퇴직연금제도가 좀더 활성화되면 안정적인 펀드 형태의 자금이 증권시장으로 대거 유입되는 것이다.

미국의 경우에 1980년대 초부터 1990년대 후반까지 다우존스지수는 1,000포인트에서 1만 포인트로 10배나 상승을 했다. 여기에는 1990년대 초반에 도입된 퇴직연금제도인 '401K' 가 단단히 한몫을 했다. 사람들의 퇴직연금에 대한 인식이 좋아지면서 퇴직연금 자산도 함께 증가했고, 이 자금이 증시로 흘러들어가면서 상승 장세를 이끌어나간 것이다.

실제로 미국의 퇴직연금 자산은 1990년에 4조2천억 달러였던 것이 1998년에는 10조9천억 달러로 증가했다. 이 기간 중 펀드에서 운용된 자산만 해도 2,070억 달러에서 1조9천억 달러로 무려 9.2배나 증가했다고 한다.(《이코노미플러스》 2007. 1월호).

현재 우리나라의 퇴직연금은 매년 두 배씩 증가하고 있는 추세이다. 미국의 사례에서 볼 수 있듯이, 우리나라도 퇴직연금제도가 정착되어간다면 증권시장을 이끌 견인차의 역할을 톡톡히 할 것으로 예상된다.

현명한 투자 마인드가 필수

그러면 퇴직연금제도에 대해 좀더 자세히 알아보자. 앞에서 근로자의 퇴직금을 금융기관에 맡겨놓고 펀드처럼 운용한다고 설명한 바 있다. 그럼 과연 누구의 책임하에 운용을 하는가? 퇴직연금제도는 이에 따라 크게 두 가지 형태로 나눠지게 된다.

모든 일에는 동전의 양면이란 게 있다. 모든 펀드투자가 수익을 안겨줄 수 없듯, 확정기여(DC)형의 경우에도 근로자가 자칫 잘못 운용을 하게 되면 손해를 볼 수도 있다. 다른 돈도 아니고 노후의 생계와 직결되는 퇴직금을 까먹는다는 건 생각만 해도 끔찍하다.

그리하여 정부에서도 투자 리스크를 최소화하기 위해 퇴직연금을 유치하는 금융기관들로 하여금 원금보장상품 제시 의무화, 주식 등 위험자산 투자비율 제한, 운용 방법별로 이익과 손실 가능성 제시 등 몇 가지 안전장치를 두도록 하고 있다. 또한 회사로 하여금 자산운용에 대한 근로자 의무교육을 실시하도록 하여, 근로자가 투자에 대한 올바른 의사결정을 할 수 있도록 유도하고 있다.

고령화 문제를 우리보다 먼저 고민했던 선진국에서는 일반적으로 '노후보장 3종 세트'로 국민연금, 퇴직연금, 개인연금을 준비해야 한다고 강조한다. 우선 국민연금으로 최저생계보장을 하고, 퇴직연금으로는 기본적인 노후생활을 보장하는 것이다. 그리고 개인연금으로는 그보다 더 풍요로운 노후생활을 만끽하기 위한 준비를 하는 게 합리적이라는 것이다.

미국에서 일반화되어 있는 확정기여형 퇴직연금 '401K'처럼, 우리도 다소 시간은 걸리겠지만 확정기여형이 퇴직연금의 주류를 이룰 것으로 보는 견해가 많다. 이쯤 되면 펀드투자처럼 앞으로의 퇴직금도 근로자 스스로가 불려야 한다는 결론이 나온다. 여웃돈으로 하는 단순한 펀드투자가 아니라, 자신의 노후 생계를 위한 마지막 보루인 퇴직금으로 하는 사활(?)을 건 펀드투자라고 할 수 있다.

정부는 제도만 만들어줄 뿐이고, 그 제도를 선택하고 제대로 운영하는 것은 회사와 근로자가 합의하여 결정해야 할 부분이다. 결국 가난구제를 남이 대신해줄 수 없듯이, 우리는 노후 대비 역시 스스로 해야 하는 시대에 살고 있는 것이다. 바야흐로 보다 현명한 투자 마인드를 길러야 살아남는 시대가 온 것이다.

해외 펀드, 제대로 알아야 돈 된다

해외 펀드, 대박인가 쪽박인가?

해외 펀드는 2~3년 전부터 우리에게 알려지기 시작한 펀드상품이지만 특히 2007년 하반기에 엄청난 돈들이 이쪽으로 몰려들었다. 이는 부동산시장에 몰렸던 자금을 다른 투자처로 돌리기 위해 2007년 하반기부터 정부가 도입한 해외 투자펀드 비과세 정책이 촉매작용을 했다고 볼 수 있다.

특히나 이 시기 해외 펀드 투자자의 다수는 중국펀드에 몰렸다. 2008년 7월 기준으로 전체 해외 펀드의 38%를 중국펀드가 차지하고 있을 정도다. 하지만 현재 해외 펀드의 성적표는 충분히 우려할 만한 수준이다. 미국의 서브프라임 모기지론 부실 사태에서 유발된 세계적인 증시폭락은 우리나라를 비롯한 동아시아 국가들에게도 예외는 아니었다.

설상가상으로 그 동안 급격한 성장을 거듭하던 중국과 베트남이 살인적인 물가상승의 벽에 부딪히면서 이들 국가의 증시는 더욱더 악화일로에 빠져들었다. 이러한 상황에서 중국펀드나 베트남펀드의 실적이 좋을 리가 만무하다. 실제로 2008년 상반기 주요 중국펀드의 6개월·9개월 기간수익률은 마이너스 20~30%의 수익률을 기록하고 있어, 펀드 투자자들에게 엄청난 충격을 주고 있다.

펀드투자 역시 투자의 일종이므로 수익률이 하락할 수도 있고 상승할 수도 있다. 해외 펀드라고 예외는 아니다. 다만 짚고넘어갈 것은 2007년 당시 우리는 해외 펀드에 대해 일종의 환상을 가지고 있었다는 것이다. 특히나 중국펀드의 쏠림 현상은 '수익률이 높으면 위험도 높다'는 투자의 가장 기본적인 원칙을 간과했다고 볼 수 있다. 게다가 비과세 혜택까지 준다니 일반 투자자들로서는 더욱더 매력을 느끼기에 충분했던 것이다.

사실 해외 투자펀드의 비과세는 이미 국내 주식형펀드에서는 시행되고 있는 것이나 마찬가지였다. 그럼에도 일부 증권사·자산운용사와 언론에서 마치 해외 투자펀드만의 특별 혜택인 양 호도한 부분도 있었다. 그러다 보니 마이너스 대출을 받아서 중국펀

드에 가입하는 웃지 못할 촌극을 벌이는 사람들도 적지 않았던 것
이다.

지역분산 투자효과에 충실한 해외 펀드

그러나 다소 쓰라린 경험을 했다고 하여 해외 펀드를 아주 위
험하고 두 번 다시 쳐다보면 안 되는 도박처럼 생각해서는 안 된
다. 여전히 해외 펀드는 매력적이며 투자할 만한 상품이기 때문이
다. 해외 펀드의 가장 중요한 역할은 뭐니뭐니해도 '분산 투자효
과'다.

원래 펀드상품은 크게 세 가지의 분산 투자효과가 있다. 우선
적립식펀드처럼 매달 일정하게 시간을 분할해서 투자함으로써
코스트 애버리지 효과를 얻는 '시간분산 투자효과'가 그것이다.
두 번째로는 적은 돈으로 다양한 주식이나 채권, 부동산이나 실물
자산에 나누어 투자하여 포트폴리오 투자효과를 볼 수 있는 '종
목분산 투자효과'가 있다.

그리고 마지막으로 우리나라뿐만 아니라 선진국이나 개발도상
국에 골고루 나누어 투자해 국가 리스크를 줄이며 수익률을 올릴
수 있는 '지역분산 투자효과'를 들 수 있다. 이 마지막 지역분산
투자효과에 충실한 것이 바로 해외 펀드다.

따라서 지난 2007년처럼 해외 펀드에 이른바 '몰빵투자'를 하는 행태, 그것도 중국이란 특정 국가에만 투자가 몰린 것은 해외 투자 본연의 목적을 간과한 것이라 볼 수 있다. 모름지기 해외 펀드를 제대로 활용하기 위해서는 펀드 투자시 국내 펀드를 포함하여 다양한 국가에 분산하여 투자할 수 있도록 해야 한다.

펀드의 분산투자효과

- 시간분산 투자효과
- 종목분산 투자효과
- 지역분산 투자효과

해외 펀드 깊이 읽기

해외 펀드의 종류

해외 펀드는 크게 세 가지 종류가 있다. '해외 투자펀드'(역내 펀드)와 '역외 펀드', '해외 재결합펀드'(Fund of Funds) 등이다. 해외 투자펀드란 우리나라의 자산운용사가 국내에서 펀드를 만들어 이를 해외의 주식이나 채권 또는 부동산 등에 투자하는 펀드다.

반면 역외 펀드는 외국의 자산운용사가 외국에서 펀드를 만들어 운용을 하는데, 다만 판매만 한국의 증권사나 은행 등을 통해 하는 것이다. 마지막으로 해외 재결합펀드는 우리나라 운용사가 펀드를 만든 후, 이를 외국의 해외 펀드에 재투자하는 것을 말한다.

해외 펀드 투자시 유의사항

해외 펀드에 투자할 때는 반드시 다음과 같은 사항을 염두에 두고 투자를 하도록 하자.

① 펀드 수수료가 국내 펀드에 비해 다소 높은 편이다.

해외 펀드의 경우, 조성된 펀드가 국내 판매사(은행, 증권사 등)를 거쳐서 다시 해외의 펀드로 투자되는 형태(Fund of Funds)가 적지 않다. 이 경우 복수(複數)의 펀드를 거치기 때문에 국내 펀드에 비해 수수료 부담이 큰 편이다.

② 이자소득세 부담이 있다.

해외 펀드의 경우, 해외 증권시장에서 펀드가 운용된다. 그런데 해외 증권시장의 경우 주식매매 이익에 대해 소득세를 물어야 한다는 단점이 있다.(단, 해외 투자펀드의 경우 2007년 하반기부터 한시적으로 과세대상소득금액 중에서 해외 주식매매 손익 부분을 제외시켜 주고 있다.- 이른바 '해외 투자펀드 비과세제도'). 참고로 국내 증권시장에서는 주식매매 이익에 대해 양도소득세가 없다. 따라서 국내 주식형 펀드 역시 이에 따른 양도소득세는 부과되지 않는다.

③ 환율 변동에 대한 위험이 내재해 있다.

해외 펀드는 그 속성상 원화로 투자가 되는 것이 아니라, 달러나 기타 해당 국가의 통화로 투자가 된다. 따라서 가입 당시의 환율에 비해 수익을 보고 빠져나올 때의 환율이 하락하면 오히려 손실을 입을 수가 있다.

따라서 해외 펀드의 경우 가입 당시에 위험 회피를 위한 '환율헤지'(헤지 : 가격변동의 위험을 선물의 가격변동에 의하여 상쇄하는 현물거래)를 하도록 하고 있다. 하지만 여기에도 소정의 비용이 들어간다는 사실을 염두에 두어야 한다.

부동산으로 돈 버는 시대는 끝났다?

강남불패 신화가 무너지다

"이제 부동산은 끝났다?"

2007년 초부터 심상치 않던 부동산 시장은 강남 불패신화를 무참히 짓밟아버렸다. 비록 2007년 초에 각종 언론에서 떠들어 대던 것처럼 일본 부동산버블 때와 같은 급격한 붕괴는 일어나지 않았지만, 그래도 최근 몇 년간 콧대 높았던 강남 등 '버블 세븐' 지역의 자존심을 꺾어버리기엔 충분한 수준이었다.

그래서 다소 성급한 사람들의 입에서는 '이제 부동산으로 돈을 버는 시대는 끝났다' 는 이야기가 심심찮게 나오고 있다. 그런데 이런 이야기를 들을 때마다 필자는 과거 1998년 초가 떠오른다. 당시 외환위기로 우리 경제가 초토화되었을 때 필자의 직장 상사가 이런 이야기를 한 적이 있다. "앞으로 두 번 다시 주식에 투자해서 돈을 벌기는 불가능할 것 같네." 하지만 주가지수 300선 이하로 폭락했던 주식시장은 다시 상승했고, 직장 상사는 '두 번 다시' 라는 망언(?)을 철회해야만 했다.

자본주의 경제가 존속하는 한 영원히 오르기만 하거나 폭락하기만 하는 자산은 없다. 당연히 부동산도 예외가 아니다. 때문에 강남불패 신화가 이렇게 무너졌듯이 '강남완패 신화' 도 영원히 지속되지는 않을 것이다.

부동산 시장 어떻게 될까?

우리나라 경제뿐만 아니라 세계경제 전체가 요즘 앓고 있는 병이 하나 있다. 바로 스태그플레이션(stagflation)이다. 이른바 '저성장-고물가' 의 깊은 수렁이다. 특히 우리나라 경제는 대외의존도가 높을 뿐만 아니라 유가의 변화에도 민감하기 때문에, 향후 스태그플레이션의 강도는 다른 나라에 비해 결코 약하지 않을 것으로 전망된다. 실제로 2008년 1/4분기 국내 실질경제성장률이 전기 대비 0.8%에 그친 반면, 같은 해 6월 소비자물가는 5%대로 급등한 것만 봐도 그렇다. 참고로 말하면 소비자물가가 5%대로 상승한 것은 7년 만에 처음 있는 일이다.

스태그플레이션 하에서 정부가 대응정책을 펼치는 것은 결코 쉬운 일이 아니다. 물가를 안정시키기 위해 금리를 인상하게 되면 가뜩이나 저성장 기조의 경제가 더욱 악화될 것이 뻔하다. 그렇다고 경제성장을 촉진하기 위해 금리를 인하하게 되면 통화유동성이 증가하고, 물가상승을 더욱더 부추기는 결과를 초래한다. 그야말로 진퇴양난의 상태인 것이다.

그렇다면 스태그플레이션은 부동산 시장에 어떤 영향을 미칠까? 당분간은 부정적 영향을 미칠 수밖에 없을 것으로 보인다. 일단 정부는 경제성장보다 물가상승이 서민들에게 미치는 영향이 더 클 것으로 보고 있으므로, 금리인하보다는 금리인상이나 인상에 무게를 둔 금리동결 정책을 펼 것이기 때문이다. 그리고 이는 시장금리에도 영향을 미쳐 전반적인 금리상승이 예상된다.

부동산 가격에 영향을 미치는 요인으로는 '금리의 변화'와 '정부의 정책', 그리고 '수요와 공급'을 들 수 있다. 따라서 금리인상 기조는 주택담보대출에 부담을 주어 부동산 구매욕을 떨어뜨리고, 이는 곧 부동산 가격 하락으로 이어지게 할 것으로 전망된다.

스태그플레이션은 또한 각종 부동산 건축자재의 폭등을 야기하는 역할을 한다. 건축자재의 폭등은 곧바로 건축비 상승으로 이어지고, 이는 부동산 가격에 반영이 되어 부동산 가격 상승으로 이어질 가능성도 있다. 문제는 어떤 요인이 더 크게 작용할 것인가 인데, 현재로서는 건축비 상승요인보다는 금리상승에 따른 부동산 가격하락이 더 크게 작용할 것으로 판단되는 것이 사실이다.

그렇다고 해서 부동산 가격이 지속적으로 하락할 것으로 속단해서는 안 될 것이다. 최근 일어나고 있는 아파트 미분양사태와 이를 통한 건설사의 잇따른 부도가 지속되면 결국은 아파트 공급이 줄어들게 될 것이고, 이는 장기적 관점에서 수급에 영향을 미쳐 가격상승 요인으로 작용할 가능성이 있다.

아울러 정부도 이 사태를 좌시하지는 않을 것으로 보인다. 금리가 인상되어 주택담보대출자들의 이자부담이 증가하고 여기다 건설경기 악화와 건설원자재 가격 폭등으로 서민들이 이중고에 시달리게 되면, 나라 전체가 위기의 상황에 처할 수 있기 때문이다. 따라서 정부는 부동산 가격이 급등하지 않는 선에서 거래가 활성화될 수 있는 정책을 찾을 수밖에 없는 상황이다. 최근 거론되고 있는 보유세나 양도세의 인하 등도 이와 같은 맥락이라 보면 된다.

물론 참여정부 때 만들어놓은 부동산 가격안정대책이 곳곳에 얽혀 있는 상태이고, 이를 바라보는 여론도 제각각이라 규제완화 정책의 시행이 쉽지만은 않을 것 같다. 하지만 앞서 언급한 것처럼 부동산 가격이 하락에 하락을 거듭하게 되면 가계의 부실로 이어지고, 이는 경제위기의 서막이 될 수도 있다. 때문에 적정한 시점에서 여론도 규제를 푸는 쪽으로 기울 것으로 판단된다. 그렇다면 분양가 상한제나 전매제한 등의 규제도 완화하는 방향으로 바뀔 것이며, 각종 대출규제도 차츰 완화될 것으로 보인다.

사실 부동산만큼 정부의 정책에 영향을 많이 받는 자산도 별로 없을 것이다. 따라서 건설경기악화로 줄어든 공급요인과 정부정책 완화 등이 시장에 제대로 작용을 할 때, 여기에 더하여 스태그플레이션마저 끝나는 시점이라면 부동산 경기는 다시 살아날 것이라 예상해볼 수 있다.

물론 이러한 시기가 단기간 내에 도래하지는 않을 것으로 보인다. 경제 전문가들의 의견을 종합해봐도 이번 스태그플레이션의 강도는 다소 완만하더라도 그 기간은 과거 어느 때보다 길 것으로 보고 있기 때문이다. 특히 계속된 경기둔화로 인한 원유 수요가 감소되는 시점과 미국 주택경기가 바닥을 치고 서브프라임 모기지론 부실사태가 어느 정도 해소되는 시점을 2010년 이후로 본다면, 앞으로 3~4년 정도는 지나야 스태그플레이션의 영향력이 끝난다고 볼 수 있다.

다만 부동산이란 게 사고 싶을 때 언제든지 살 수 있는 자산이 아님을 감안할 때, 누구나 인정하는 부동산 가격 상승기보다는 조금 앞서서 투자를 검토해보는 것도 나쁘지는 않을 것이라 생각한다.

집만큼은 소신껏 장만하라

자, 그렇다면 내 집 마련을 하려는 실수요자들 입장에서는 어떤 의사결정을 해야 할까? 이럴 때일수록 집만큼은 시장의 움직임에 동요되지 말고 소신껏 의사결정을 하라고 권하고 싶다. 물론 집을 두세 채 가지고 있으면서 재테크 하려는 사람은 여기에 해당되지 않는다.

집이란 일반적인 투자상품인 주식이나 펀드와는 본질적으로 다르다. 주식이나 펀드는 매수를 하는 즉시 가격 변동의 위험에 노출된다. 일단 주식을 매수하게 되면 그 다음부터는 주가의 오르내림에 민감해질 수밖에 없다. 주가가 오르면 대박이 터지지만, 주가가 떨어지면 주식은 그야말로 휴지조각이 되기 때문이다. 그래서 주식을 매도하기 전까지는 시장의 움직임에 동요할 수밖에 없다.

하지만 집은 그 반대다. 집은 오히려 매수를 하기 전에 가격 변동의 위험에 노출되어 있다. 아직까지 집이 없는 사람들은 이를 충분히 경험했을 것이다. 2006년 가을, 집값이 천정부지로 올라가니 한숨만 푹푹 나오지 않던가! '이러다가 영원히 집을 못 사는 게 아닐까' 하는 생각이 들 수밖에 없다.

하지만 집을 매수한 후엔 그런 위험에서 어느 정도 벗어난다. 집값이 오르는 경우에 대해서는 굳이 설명할 필요가 없을 것이다.

그럼 집값이 떨어지면 어떨까? 이때도 크게 신경 쓸 필요가 없다. 집값이 떨어진다고 주식처럼 휴지조각이 되지 않는다. 집값이 떨어졌다고 현재 살고 있는 집에 벽돌이 없어지고, 수돗물이 안 나오고 하는 일은 절대 없으니 말이다.

이렇듯 시장의 움직임에 동요할 요소는 거의 없다고 할 수 있다. 따라서 앞으로 집값이 오를지 어떨지 고민하지 말고 '그래도 내 집은 있어야지', '이제는 작은 평수에서 큰 평수로 갈아타야겠다' 라고 생각하는 사람이라면 집을 사기 위한 준비를 미리부터 해두는 것이 좋다. 집을 소유의 개념으로 생각하지 않는 사람, 그래서 평생 전세를 살아도 무방한 사람이라면 굳이 무리해가며 집을 살 필요는 없지만 말이다.

그럼 집을 사거나 큰 평수로 갈아타려는 사람에게 가장 중요한 것은 무엇일까? 자신이 원하는 집의 규모와 금액, 그리고 기간을 결정해야 한다. 막연하게 '열심히 돈을 모아 언젠가는 내 집을 마련해야지' 라고 생각한다면, 내 집 마련은 영원히 이루지 못하는 꿈이 될 수도 있다. 자신의 가족 구성이나 급여 수준 등을 충분히 고려해서 'OO년 내에 꼭 OO지역의 OOO아파트 OO평을 구입하겠어' 하는 구체적인 목표를 정해놓도록 하자. 이때 목표를 조금은 보수적으로 잡을 필요가 있다. 집값 변동이나 물가상승 등을 고려해야 하니까 말이다.

집을 사겠다고 계획을 했다면 일정 부분 주택담보대출을 받아

자금을 충당할 수밖에 없을 것이다. 다만 당분간은 금리상승의 기조가 지속될 것이라는 점을 감안하여 가정경제의 현금흐름을 넘어서는 이자비용을 부담하면서까지 무리하게 대출을 일으켜 집을 장만하는 것은 자제해야 할 것이다.

[부동산]

청약저축만은 꼭 챙기자

언젠가는 긴요하게 쓰이는 것

당장에는 필요 없을 것 같지만 잘 보관해두면 언젠가는 긴요하게 쓰이는 물건들이 더러 있다. 그 가운데 하나가 주택청약통장이다. 최근 들어 아파트 분양가격이나 경쟁률이 높아지다 보니 청약통장의 열기가 많이 식은 것이 사실이다. 하지만 청약통장이야말로 비장의 카드로 가지고 있을 필요가 있다. 어느 날 갑자기 자신이 살고 있는 지역에 신도시 건설 발표가 났는데, 청약통장이 없으면 좋은 기회를 눈앞에서 놓칠 수 있으니 말이다.

특히 사회에 첫발을 내딛은 20대 젊은 무주택자라면 꼭 하나 준비해두는 것이 좋다. 실제로 집을 사야 할 시기인 10~15년 후에 부동산 정책이 어떻게 변해 있을지 모르기 때문이다. 그때 '미리 준비해둘 걸' 하고 후회해봤자 소용이 없다.

청약통장은 '청약저축', '청약부금', '청약예금' 이렇게 세 가지 종류가 있다. 그게 그거 같아서 헷갈린다고 하는 이야기를 하는 사람이 많은데, 이 세 가지가 어떻게 다른지 알아보도록 하자.

청약저축 Vs. 청약부금 Vs. 청약예금

납입 방법

'청약저축'과 '청약부금'은 적금처럼 입금하는 상품이다. 청약저축은 매월 2만 원부터 최대 10만 원까지 납입할 수 있다. 청약부금의 경우는 매월 최소 5만 원에서 최대 50만 원까지 납입이 가능하다. 반면에 청약예금은 가입할 때 한꺼번에 목돈을 예치해두는 상품이다. 예치 금액은 지역이나 전용면적에 따라 각각 다르다.

청약 대상 주택

같은 적금 방식인 '청약저축'과 '청약부금'은 또 어떻게 다를까? 이 두 가지는 나중에 청약을 할 수 있는 주택의 대상이 다르다. 청약저축의 경우 85㎡(27.5평)이하의 민간 건설 중형 국민주택을 포함한 '국민주택'이 청약 대상 주택이 된다. 청약부금의 경우는 85㎡ 이하인 민영주택, 민간건설 중형 국민주택이 대상이다. 그리고 청약예금의 경우에는 85㎡ 이하뿐만 아니라, 그보다 큰 평수의 민영주택이나 민간 건설 중형 국민주택도 청약 대상이된다.

1순위 자격

청약통장에 가입해서 일정 기간이 지나면 1순위 자격이 부여된다. 1순위가 되면 주택 청약 시 당첨될 확률이 더 높아진다. 그래서 미리미리 청약통장에 가입하라는 것이다. 청약저축의 경우는 매월 납입하여 총 24회를 납입하면 1순위가 부여된다. 6회 이상을 납입하면 2순위, 5회 이하를 내면 3순위다. 청약부금과 청약예금의 경우, 역시 가입한 지 2년이 지나면 1순위의 자격이 주어진다.

가점청약제

2007년 9월부터 시행된 제도 중에 가점청약제가 있다. 기존의 청약제도(추첨제)는 '청약부금'이나 '청약예금'에 가입하여 2년이 지나면, 15년 동안 무주택자인 사람이나 2년 동안 무주택자인 사람이나 모두 동일하게 1순위 자격을 주도록 되어 있다. 하지만 가점청약제에서는 기존의 추첨제와는 달리 부양가족(부모·자녀)의 수, 무주택 기간, 가구주 나이, 청약통장 가입 기간 등 4개 항목별

가중치(13~35점)에 개인점수를 곱해 환산한 점수로 아파트 당첨자를 뽑게 된다. 따라서 같은 1순위 자격이라도 무주택 기간, 가족 수, 청약통장 가입 기간에 따라 당첨 확률이 달라지게 된다. 여기서 알아 두어야 할 것은 '청약저축'은 가점청약제의 적용을 받지 않는다는 것이다. 이미 가입 기간과 저축 총액에 따라 순차적으로 공급을 받기 때문이다.

적용 대상은 현재로서는 민간에 공급되는 전용면적 85㎡ 이하 중·소형 주택과 전용 85㎡을 넘는 중·대형 아파트에 청약할 수 있는 청약부금과 청약예금 가입자에 한한다. 게다가 적용 대상의 모든 아파트에 가점청약제가 적용되는 것도 아니다. 기존 청약통장 가입자의 불만을 고려하여 전용면적 85㎡이하 중·소형 주택에 대해서는 25% 수준에서, 중·대형 아파트의 경우는 50% 수준까지 기존의 추첨제를 적용하는 등 두 제도를 병행하여 시행하고 있다.

참고로 전용 85㎡을 넘는 중·대형 아파트 중에서 채권입찰제가 적용되는 공공택지의 경우는 부양가족, 무주택 기간, 통장가입 기간 등 세 개 항목의 점수로 당첨 우선권을 부여한다.

다시 정리해보자. 청약저축과 청약부금은 적금 방식으로 납입을 하는 것이며, 그 중에서 청약저축은 국민주택에만 청약이 가능하다. 청약부금과 청약예금은 모두 민영주택이 가능한데, 청약부금은 적금 방식이며 전용면적 85㎡ 이하의 주택만, 청약예금은 목돈 예치 방식이며 예치 금액에 따라 큰 평수의 주택도 청약할 수 있다는 것이 다르다.

그런데 민영주택이니 국민주택이니 하는 건 또 무엇일까? '국민주택' 이란 주택건설촉진법 제10조 규정에 의거하여, 국민주택기금의 자금 지원을 받아 건설되거나 개량되는 주택을 말한다. '민영주택' 은 국민주택기금의 지원 없이 민간 건설업자가 건설하는 주택이나 국가·지방자치단체 또는 대한주택공사 등에서 국민주택기금의 지원 없이 공급하는 주택을 말한다. '민간 건설 중형 국민주택' 이란 민간 건설업체가 국민주택기금의 지원을 받아 건설 공급하는 전용면적 60㎡(약18평) 초과 85㎡(약25.7평) 이하의 주택을 말하는 것이다.

자신감이 나를 살린다

지금까지 우리는 양극화와 고령화라는 현실에 대해 알아보았고, 이를 헤쳐 나가기 위해 무엇을 어떻게 해야 하는지에 대해 고민해보았다.

필자는 쉴 새 없이 거칠게 치닫는 양극화와 고령화의 빙하기를 이겨내기 위해서는 무엇보다도 자산의 축적이 중요하며, 이를 달성하기 위해서는 한 우물을 파야 한다는 것, 그리고 자산을 축적하기 위해서는 세 가지 마인드—'동물적 감각으로 승부하라', '돈 버는 데 관심과 취미를 가져라', '성급하지 않지만 과감하게 임하라'—를 가져야 한다고 강조했다. 그리고 자산을 만들기 위해 알아야 할 실전 금융지식도 살펴보았다. 하지만 이러한 일들을 하기 위해 무엇보다도 중요한 것은 자신감을 갖는 것이라 생각한다.

자신감은 어디서 나올까? 물론 어려서부터 타고난 자신감으로 무장하고 세상을 살아가는 사람도 있을 것이다. 하지만 필자는 자신감 역시 근육을 길러나가듯 노력하여 만드는 것이라 생각한다. 필자의 지인 중에는 창업을 한 이후, 매일 아침이면 습관처럼 하는 일이 있다고 한다. 화장실에서 거울을 보며 손가락으로 자신을 가리킨다. 그리고는 "너는 뭐든지 할 수 있어! 너는 잘 될 거야!"라고 세 번씩 외치는 것이다. 자신감을 키우는 그 나름의 방법이리라.

일본의 소프트뱅크 손정의 회장의 경우 어릴 때부터 그의 부친은 늘 "우리 아들은 일본 최고다"라고 칭찬을 했다고 한다. 어린 손정의는 아버지의 그런 칭찬이 마냥 듣기 좋으라고 하는 말이라 생각했을 것이다. 하지만 그가 처음으로 일본에서 소프트뱅크를 창업을 했을 때 전 직원 3명을 모아놓고 "우리 회사는 일본의 최고 회사다!"라고 외치게 했다고 한다. 실제로 그는 자신이 갓 창업한 회사가 일본의 최고 회사라고 믿었다. 아버지의 칭찬이 어느새 손정의의 머릿속에 세뇌된 것이다.

미국의 16대 대통령 에이브러햄 링컨은 이렇게 말했다. "'할 수 있다, 잘 될 것이다'라고 결심하라, 그러고 나서 방법을 찾아라." 그렇다. 우선 '할 수 있다'는 자신감을 '연습'하자. 꾸준히 근육 운동을 하듯 땀 흘려 연습하며 길러나가자. 괜한 액션 영화 한 편

보고 용감해졌다가 이내 세상 속에서 식어버리는 그런 단발적인 치기가 아니라, 꾸준히 연습하여 길러진 당당한 자신감 말이다.

이러한 자신감이야말로 양극화와 고령화 사회의 거친 파고를 넘는 가장 큰 버팀목이 아닐까? 자신감이야말로 나를 살리는 에너지이기 때문이다.

엘리베이터 스피치
– 상대의 머리와 가슴을 움직이는 60초 설득법
샘 혼 지음 | 이상원 옮김 | 232쪽 | 11,800원

엘리베이터에서 내리기 전까지 상대를 설득하라!
어떤 아이디어는 환영받고 어떤 것은 외면당하는 까닭은 무엇인가? 상대가 시간과 돈을 충분히 투자할 만하다고 판단하도록 만드는 비결은 무엇인가? 첫 60초 안에 상대의 호기심을 충분히 유발해 더 알고 싶다는 표정을 짓게 만들고, 상대의 머릿속에 당신의 제품이나 아이디어를 확실히 각인시키는 메시지의 비밀은 무엇인가?

상품과 아이디어를 파는 당신에게 말은 정말로 중요하다. 이 책은 바로 그 말을 어떻게 사용해야 하는지 가르쳐준다. – 세스 고딘(마케팅 전문가)

위대한 리더처럼 말하라
– 마음을 얻는 자의 대화법
전미옥 지음 | 248쪽 | 11,000원

고수들의 커뮤니케이션 노하우를 놓치지 말라!
이 책은 인류의 역사에서 가장 영향력 있는 지도자로 평가받는 정치가, 철학자, 혁명가를 비롯, 현대 사회에서 인정받는 기업의 리더 38인의 커뮤니케이션 리더십을 소개하고 있다. 이 책은 우리 시대의 리더와 비즈니스맨이 알아야 할 가장 중요한 커뮤니케이션 코드 10가지(심플, 스토리, 유머, 개성, 균형, 칭찬, 따뜻함, 경청, 공감, 카리스마)를 제시한다.

이 책에서 사람의 마음을 얻는 기술을 배우자. 당신이 어떤 일을 하든, 어떤 위치에 있든 유용한 방법들이 쏠쏠하게 들어 있다. – 권영설(한국경제신문 가치혁신연구소 소장)

심리학을 아는 사람이 먼저 성공한다
– 비즈니스맨을 위한 심리학 사용 설명서
한스 미하엘 클라인 외 지음 | 김시형 옮김 | 288쪽 | 12,000원

마음을 얻는 기술이 필요하다!
내게만 까칠한 상사, 왠지 모르게 편하지 않은 동료와 후배, 속을 알 수 없는 거래처 사람… 어떻게 하면 내 편으로 만들 수 있을까? 이 책이 권하는 '심리학 안경' 을 쓰는 순간, 고객, 동료, 직원, 상사의 마음을 움직이는 진짜 이유가 낱낱이 눈에 들어온다. 누군가를 설득하고, 누군가를 당신이 원하는 방향으로 이끌고 싶을 때 언제든지 유용하게 써먹을 수 있는 규칙들이 공개된다.

성공한 사람의 능력이란 무엇일까? 상대방을 이기고 꺾지 않고도 내 편을 만들 수 있는 고도의 심리 전략을 아는 것? 내 머릿속에 어지럽게 떠도는 생각들이 이 책에 착착 정리되어져 있다니 놀랍고 반갑다. – 배진경(LG전자 홍보팀 Marketing PR그룹 차장)

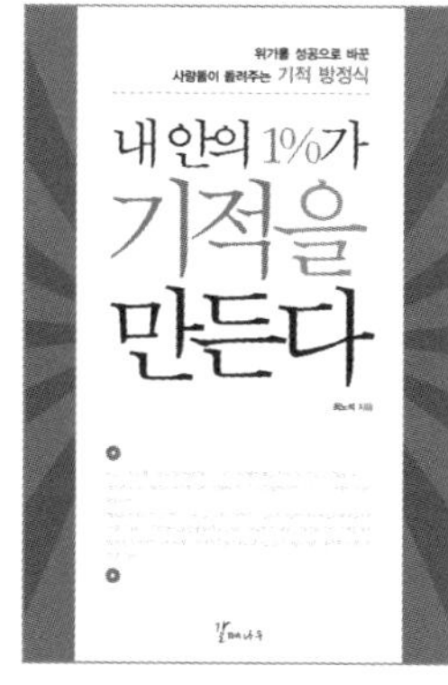

내 안의 1%가 기적을 만든다
– 위기를 성공으로 바꾼 사람들이 들려주는 기적 방정식
최노석 지음 | 288쪽 | 12,000원

위기를 기회로 바꾼 다섯 명의 기막힌 해법!
남이섬을 일군 강우현 대표, 놀부의 김순진 회장, 정문술 미래산업 창업자, 한국전기초자 서두칠 전 사장, 그리고 월드컵 4강 신화를 이뤄낸 히딩크와 국가대표팀 선수들… 전직 언론인이 직접 몸으로 부딪쳐가며 써내려가 읽는 재미가 만만치 않다. 위기를 기적으로 바꾸기까지의 과정을 실감나게 추적한 이 책은 어려움 속에서 기적을 갈구하는 사람들에게 용기를 주고, 위기 극복을 위한 유용하고도 실질적인 전략을 제시할 것이다.

알짜 부자가 되는 자산 만들기 비법

개정판 1쇄 발행 | 2008년 8월 25일

지은이 | 김의경

펴낸이 | 박선경

표지 · 본문 디자인 | 초록지붕
일러스트 | 황문희
종이 | 화인페이퍼
인 쇄 | 중앙P&L

펴낸 곳 | 도서출판 갈매나무
출판 등록 | 2006년 7월 27일 제395-2006-000092호
주소 | 경기도 고양시 덕양구 화정동 851번지 달빛마을 205동 707호
전화 | 031)967-5596
팩스 | 031)967-5596

ⓒ김의경, 2008
ISBN 978-89-959325-7-5